동아시아 한자 익히기

이 저서는 2018년도 가천대학교 교내연구비 지원에 의한 결과임.(GCU-2018-0705)

동아시아 한자 익히기

韓日中의 정체자·신자체·간체자 학습을 한번에

박진수 지음

역락

머리말

　오늘날 한자를 쓰는 지역은 크게 세 부류로 나눌 수 있다. 첫째는 우리나라와 타이완 및 세계 각 지역의 화교들처럼 전통적인 자체를 그대로 사용하는 지역이다. 둘째는 일본이 여기에 해당하는데 원래의 글자체를 나름대로 약간 간편화해서 쓰는 지역이다. 셋째는 중국의 대부분 지역이 이에 속하는데 획수를 줄이고 자체를 아주 간략화하여 쓰는 지역이다. 이를 각각 정체자(正體字) 또는 정자(正字), 신자체(新字体), 간체자(简体字) 또는 간화자(简化字)라고 부른다. 이 책은 한자를 배우는 사람들이 이 모두를 한꺼번에 익혀서 학습의 효율을 높이는 데에 도움을 주고자 기획되었다.

　한자 학습을 통해 직접적으로 기대할 수 있는 것은 외국어 능력의 향상이다. 적어도 한자문화권의 언어인 중국어나 일본어를 배우는 데에 한자 해독 능력은 당연한 기초가 된다. 간혹 한자를 배우지 않고 알파벳 병음만으로 중국어 공부를 시도하는 경우가 있다. 실제로 서양의 언어를 모어로 하는 사람이 그렇게 하는 것을 본 적이 있다. 그러나 그것은 처음부터 한계가 뻔한 것이다. 한 인간 집단이 문자 생활을 시작하게 되면 '말 따로 글 따로' 존재할 수가 없다. 음성언어와 문자언어가 상호작용하므로 문자를 외면하고 소리로서의 언어만을 배운다는 것은 어불성설이다. 물론 간단한 말은 할 수 있겠지만.

　그런데 현대 중국어를 표기하는 한자는 간체자이다. 간체자는 많은 경우에 정체자에 비해 아주 간편하게 되어 있어서 처음 배울 때는 쉽게 익힐 수 있다. 그런데 재미있는 것은 중국어를 공부하느라 정체자를 도외시하고 간체자를 먼저 배우면 나중에 정체자를 배우는 것이 너무나 어려워진다는 사실이다. 간체자보다 약간 더 복잡한 일본식 신자체조차 어렵게 느껴진다고 한다. 필자는 일본에서 공부할 때 중국 대륙에서 온 유학생이 한국이나 대만에서 온 유학생보다 한자의 정체자를 더 모르고 일본식 신자체도 많이 어려워하는 것을 보았다. 중국인이 한자를 잘 모르다니 처음에는 좀 이상했지만 그것은 당연한 일이었다.

　학습의 순서는 획수가 많아 복잡하고 어려운 정체자부터 익히는 것이 맞다. 이것은 마치 일방통행로와 같다. 간체자를 배우고 정체자를 배우는 것보다 정체자를 먼저 배우면 얻는 것이 훨씬 많다. 그래서 만약 여러분이 중국어와 일본어를 다 공부하고 싶다면 먼저 전통적인 한자인 정체자를 익히고 그 다음에 (비록 조금이라도) 일본어를 배우고 그리고 중국어를 공부하는 것이 효과적이지 않을까 한다. 이 책을 통해 한일중의 한자 즉, 정체자, 신자체, 간체자를 같이 공부하면 하나의 한자

를 익히면서 다른 자체가 만들어진 패턴을 저절로 깨닫게 되어 한자 학습에 가장 효율적이다.

이 책은 세계 최초로 전통 한자인 정체자와 신자체 및 간체자를 한꺼번에 공부할 수 있게 해놓은 교재가 아닐까 자부한다. 필자가 속한 가천대학교는 수년 전에 중국어문학과와 일본어문학과를 통폐합해서 동양어문학과를 만들었다. 학생들은 중문과 일문 중 하나만을 선택해서 전공할 수도 있고 두 가지를 다 할 수도 있다. 저자의 입장에서는 학생들이 한 쪽만을 전공하더라도 '한자'라는 공통항의 기초를 탄탄히 해두면 언제든지 다른 쪽 언어를 쉽게 공부할 수 있을 것 같았다. 그래서 개설한 공통교과목이 '한자의 이해'이고 이 책은 주로 그 교재로 쓰기 위해 제작되었다.

한자를 공부하면서 얻는 장점은 여러 가지가 있으나 또 하나 매우 중요한 것은 한국어 자체의 문해력(文解力)을 높이는 것이다. 한자가 쓰여 있지 않더라도 한자에서 비롯된 어휘를 접할 때 해당 글자를 알고 있다면 그 의미를 짐작하기 쉽다. 현재 한국어 어휘의 70% 이상이 한자와 관련이 있으므로 한자를 많이 안다는 것은 한국어 능력에도 절대적인 도움을 준다. 우리가 일상의 언어생활을 통해 정확한 정보를 습득하고 풍부한 어휘를 구사하기 위해서 한자 학습은 필수적인 요소라 하겠다. 이 책은 이러한 면까지 고려하여 일반 독자의 한자 학습에 기여할 수 있게 구성했다.

해방 이후 한자 교육은 영어 교육에 비해 상대적으로 축소되어 왔다. 그러나 수십 년이 지나는 동안 상황은 달라졌다. 이웃 나라 일본의 중요성과 중국의 급부상으로 한자를 다시 돌아보게 되었다. 오늘날 한국에서 살고 있는 우리에게 있어서 한자 습득 여부의 문화적·경제적 가치는 결코 영어에 뒤지지 않을 것이며 앞으로 이러한 경향은 더욱 확대될 것으로 본다. 저자로서는 모쪼록 이 책이 독자들의 한자 능력과 외국어 습득력, 풍요로운 한국어 생활에 보탬이 되기를 바란다.

끝으로 이 책이 나오기까지 도움을 주신 모든 분들께 감사드린다. 특히 가천대 아시아문화연구소 연구교수 최재준 선생님께서 아낌 없는 조언과 원고정리 작업을 도와주신 점에 대해 깊이 감사드린다. 이 책은 최 선생님의 도움이 없이는 나올 수 없었으며 그런 점에서 사실상 공동 작업의 결과임을 밝혀둔다.

2020년 12월

저자 박진수

구성과 활용법

이 책은 한자검정능력시험에 출제되었던 8급에서 4급까지의 한자, 한자어를 분류하여, 가장 효율적으로 익힐 수 있도록 구성했다.

급수별 한자 정리 8급에서 4급까지의 각 고유한자를 단계적으로 익힐 수 있도록 급수별로 정리한 후, 각 한자에 대한 음훈, 부수, 총획수, 부수, 급수, 그리고 의미 설명 및 활용어 등을 한눈에 알아볼 수 있게 구성했다.

한자어 수록 각 한자마다 소개하는 용례는 실제 출제 빈도수가 높거나, 출제가 예상되는 한자어 등을 중복 없이 해당 급수에 맞게 수록했다.

한·일·중 한자 연습 각 한자마다 해당되는 정체자, 신자체, 간체자를 추가로 연습할 수 있게 구성했다.

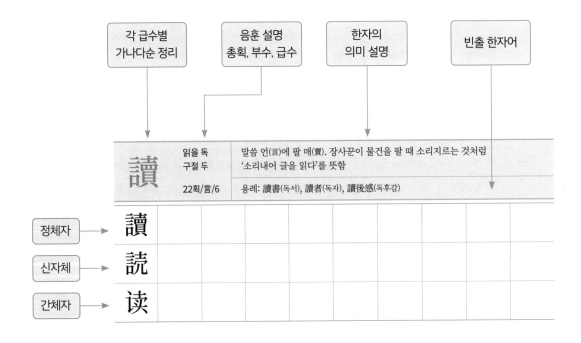

목차

8급

教	가르칠 교 종교 교	어른과 아이와 회초리를 합친 글자로, '가르치다'라는 뜻을 나타냄
	11획/攴/8	용례: 教室(교실), 教生(교생), 教學(교학)

教							
教							
教							

校	학교 교	나무(木)를 걸쳐서(交) 만든 형구(형틀)로, 사람의 인성을 바로잡는 곳, 즉 '학교'를 뜻함
	10획/木/8	용례: 校長(교장), 校門(교문)

校							
校							
校							

九	아홉 구	열십(十)의 한 일(一)을 구부리거나, 열에서 하나를 뺀 '아홉'을 뜻함
	2획/乙/8	용례: 九月(구월)

九							
九							
九							

國	나라 국	병사가 무기(戈)를 들고 자기 위치(一)에 서서 영토(口)를 지키는 모양의 글자로 '나라'를 뜻함
	11획/口/8	용례: 國軍(국군), 國民(국민), 大韓民國(대한민국), 國土(국토)

國							
国							
国							

軍	군사 군 9획/車/8	병사들이 전차(車)를 둘러싸고 있는 모습을 본뜬 글자로 '군사, 진치다'를 뜻함
		용례: 女軍(여군), 水軍(수군), 靑軍(청군), 軍人(군인)

軍							
軍							
軍							

金	쇠 금 성 김 8획/金/8	덮여 있는 흙 속에서 반짝인다는 의미가 합쳐져 흙 속에서 빛을 발하는 '금, 쇠'를 뜻함
		용례: 萬金(만금), 白金(백금), 一金(일금)

金							
金							
金							

南	남녘 남 9획/十/8	집의 남쪽 처마 밑 양지바른 곳에서 초목의 싹이 잘 자라는 모습을 나타낸 글자
		용례: 南山(남산), 南大門(남대문), 南東(남동), 南韓(남한)

南							
南							
南							

女	여자 녀 3획/女/8	손을 앞으로 모으고 무릎을 꿇어 가지런히 앉아 있는 '여자'의 모양을 본뜬 글자
		용례: 女王(여왕), 女學生(여학생)

女							
女							
女							

年	해 년	벼(禾)가 익어 수확하면, 한 해가 바뀌는데 이를 매년 반복하다 보니 어느덧 '나이'를 먹었다는 뜻
	6획/干/8	용례: 萬年(만년), 一年(일년), 學年(학년)

年							
年							
年							

大	큰 대	사람이 팔과 다리를 크게 벌리고 서 있는 모양(大)를 본뜬 글자로 '크다, 많다'를 뜻함
	3획/大/8	용례: 大小(대소), 東大門(동대문), 大王(대왕), 大學(대학)

大							
大							
大							

東	동녘 동	아침 해(日)가 떠서 나뭇가지(木)에 걸려 있는 '동쪽'을 뜻함
	8획/木/8	용례: 東西(동서), 東門(동문), 東北(동북)

東							
東							
东							

六	여섯 륙	양손을 내려서 세 손가락씩을 펼친 모양을 본뜬 것으로 합하여 '여섯'을 뜻함
	4획/八/8	용례: 五六月(오뉴월)

六							
六							
六							

萬	일만 만 13획/艸/8	'전갈'의 모양을 본뜬 글자. 수효가 많은 것으로 '일만', '여러가지'를 뜻함
		용례: 萬山(만산)
萬		
万		
万		

母	어머니 모 5획/毋/8	여자(女 : 어머니)가 어린아이를 품고 젖을 먹이는 모양을 본떠 '어머니, 어미'를 뜻함
		용례: 父母(부모), 母國(모국), 生母(생모)
母		
母		
母		

木	나무 목 4획/木/8	나뭇가지와 뿌리의 모양을 본떠서 만든 글자
		용례: 土木(토목)
木		
木		
木		

門	문 문 13획/門/8	두 개의 문짝이 있는 문의 모양을 본뜬 글자로 '문, 집안'을 뜻함
		용례: 大門(대문), 門中(문중)
門		
門		
门		

民	백성 민	사람이 집에 많음을 나타낸 글자로 백성과 국민을 뜻함
	5획/氏/8	용례: 民生(민생), 人民(인민)

民
民
民

白	흰 백	날 일(日)과 내리쬐는 햇살이 비치는 모양으로 '희다, 밝다'를 뜻함
	5획/白/8	용례: 白人(백인), 白金(백금)

白
白
白

父	아버지 부	오른손에 도끼를 든 모양으로, 가장으로서 가족을 거느리고 인도하는 '아버지'를 뜻함
	4획/父/8	용례: 生父(생부), 學父母(학부모)

父
父
父

北	북녘 북 달아날 배	서로 등 돌리고 서 있는 옆모양을 본뜬 글자. 서로 등지고 있어서 남녘의 반대 '북녘'을 뜻함
	5획/匕/8	용례: 北西(북서), 北韓(북한)

北
北
北

四	넉 사	큰 입 구(口)의 네 부분을 나눈 모양으로 동서남북 '사방'과 숫자 '넷'을 뜻함
	5획/口/8	용례: 四寸(사촌), 四月(사월)

四					
四					
四					

山	메 산	산이 연달아 솟아 있는 모양을 본뜬 글자
	3획/山/8	용례: 火山(화산), 西山(서산), 先山(선산), 山水(산수)

山					
山					
山					

三	석 삼	세 개의 가로줄 모양. 또, 손가락 셋을 나란한 모양으로 '셋'을 뜻함
	3획/一/8	용례: 三寸(삼촌), 三韓(삼한)

三					
三					
三					

生	날 생	초목의 새싹이 땅 위로 솟아나오는 모양을 본뜬 글자로 '나다, 자라다'를 뜻함
	5획/生/8	용례: 生水(생수), 生日(생일), 中學生(중학생)

生					
生					
生					

西	서녘 서 6획/襾/8	둥지 위에 새가 있는 모양. 새가 둥지에 돌아올 때는 해가 서쪽으로 저무는 것으로, '서녘'을 뜻함
		용례: 東西南北(동서남북)

西						
西						
西						

先	먼저 선 6획/儿/8	남보다 앞서가는 사람을 나타낸 글자로 '앞서다, 먼저'를 뜻함
		용례: 先生(선생), 先人(선인)

先						
先						
先						

小	작을 소 3획/小/8	큰 물체에서 떨어져 나간 작은 점 세 개. 또는 막대기로 양쪽에 나눠 놓은 물건을 나타내는 글자로 '작다'를 뜻함
		용례: 小人(소인)

小						
小						
小						

水	물 수 4획/水/8	물이 흐르는 모양을 본떠서 만든 글자
		용례: 水火(수화), 水中(수중), 水門(수문)

水						
水						
水						

동아시아 한자 익히기

室	집/방 실	사람이 일과를 마치고 가는(至), 곳(宀)이 바로 '집'임을 나타냄
	9획/宀/8	용례: 室長(실장)
室		
室		
室		

十	열 십	동서, 남북, 사방 및 중앙을 모두 갖추었다는 뜻으로 '열'을 뜻한다
	2획/十/8	용례: 十日(십일), 十中八九(십중팔구), 十月(십월→시월)
十		
十		
十		

五	다섯 오	하늘과 땅, 즉 음양이 교차함을 나타내는 글자로 '다섯'을 뜻한다
	4획/二/8	용례: 五月(오월)
五		
五		
五		

王	임금 왕	'三'은 天地人(천지인 : 하늘, 땅, 사람)을 가리키고 'ㅣ'은 이것을 꿰뚫는 것을 나타냄. 또, 임금을 상징하는 도끼 모양을 본떴다고도 함
	4획/玉/8	용례: 王中王(왕중왕), 王室(왕실)
王		
王		
王		

外	바깥 외	저녁 석(夕)과 점 복(卜)으로 이루어진 글자로 '바깥, 겉'을 뜻함
5획/夕/8		용례: 外人(외인), 外兄(외형, 손위처남), 外國(외국)

外						
外						
外						

月	달 월	달은 차츰 커져 만월이 되고 그 만월이 차츰 일그러져 그믐달이 되는 까닭에 이지러진 달을 본뜬 글자
4획/月/8		용례: 八月(팔월)

月						
月						
月						

二	두 이	두 손가락 또는 두 개의 가로줄을 본뜬 글자로 '둘, 거듭'을 뜻함
2획/二/8		용례: 二月(이월)

二						
二						
二						

人	사람 인	사람이 허리를 약간 굽혀 팔을 뻗치고 서 있는 옆모습을 본뜬 글자로 '사람'을 뜻함
2획/人/8		용례: 人生(인생)

人						
人						
人						

一	한 일	가로의 한 획을 그어 '하나'라는 뜻을 나타낸다. 수의 첫째인 '처음, 근본'의 뜻도 있다.							
	1획/一/8	용례: 一日(일일)							
一									
一									
日	날 일	해의 모양을 본뜬 글자로 '해'와 '하루'를 뜻함							
	4획/日/8	용례: 日日(일일, 하루하루)							
日									
日									
長	긴/어른 장	수염과 머리카락이 긴 노인이 지팡이를 짚고 있는 모양을 본뜬 글자로 '길다, 어른'을 뜻함							
	8획/長/8	용례: 長女(장녀)							
長									
長									
弟	아우 제	형제간의 순서 중 아래인 '아우'를 뜻함							
	7획/弓/8	용례: 弟兄(제형)							
弟									
弟									
弟									

中	가운데 중	사물(口)의 한가운데를 꿰뚫는(丨) 모양을 본떠 '가운데'를 뜻함
	4획/丨/8	용례: 中國(중국)

中					
中	中				
中	中				

靑	푸를 청	날 생(主,生)과 붉을 단(丹). 새싹이 붉은 빛으로 돋아났다가 푸른색으로 변하여 '푸르다'를 뜻함
	8획/靑/8	용례: 靑年(청년), 靑山(청산)

靑					
靑	靑				
靑	靑				

寸	마디 촌	손가락 마디 모양을 본떠 만든 글자로 가족 관계와 길이의 단위로 쓰임
	3획/寸/8	용례: 八寸(팔촌)

寸					
寸	寸				
寸	寸				

七	일곱 칠	열 십(十)자에 내려긋는 획을 오른쪽으로 구부려 놓은 글자. 다섯 손가락과 두 손가락을 합쳐 '7'을 뜻함
	2획/一/8	용례: 七月(칠월)

七					
七	七				
七	七				

土 흙 토 3획/土/8	초목의 새싹이 땅 위로 솟아오르며 자라는 모양을 본뜬 글자. 새싹을 자라게 하는 '흙'을 뜻함
	용례: 土人(토인)

土
土
土

八 여덟 팔 2획/八/8	두 손을 네 손가락씩 펴서 보이는 모양. 또는 양쪽으로 잡아당기어 '나누다, 나누어지다'를 뜻함
	용례: 八十(팔십), 八九月(팔구월)

八
八
八

學 배울 학 16획/子/8	양손으로 보자기를 뒤집어쓴 무지한 아이(子)를 잘 가르치는 모양으로 '배우다'를 뜻함
	용례: 學校(학교)

學
学
学

韓 한국 나라 한 17획/韋/8	해 돋을 간(倝)과 성의 둘레인 울타리 위(韋)를 합한 글자로, 군사들이 성 둘레를 지키는 해 돋는 쪽의 '나라'를 뜻함
	용례: 韓國(한국), 南北韓(남북한)

韓
韓
韩

| 兄 | 형/맏 형 | 말(口)과 행동(儿)으로 솔선 수범하는 사람을 어른으로 여겨 '맏이, 형'을 뜻함 |
| | 5획/儿/8 | 용례: 兄弟(형제) |

兄						
兄						
兄						

| 火 | 불 화 | 불이 활활 타오르는 모양을 본뜬 글자 |
| | 8획/火/8 | 용례: 大火(대화, 큰 화재) |

火						
火						
火						

동아시아 한자 익히기

7급

歌 노래 가 14획/欠/7	하품(欠)하듯이 입을 크게 벌리고 여럿이 소리를 내는 모양을 나타내는 글자
	용례: 歌手(가수), 國歌(국가), 軍歌(군가), 校歌(교가)

歌						
歌						
歌						

家 집 가 10획/宀/7	집(宀)에 돼지(亥)가 있다에서 유래한 글자로, 후에 사람이 많이 모여 있는 '집'을 뜻함
	용례: 家門(가문), 家長(가장), 國家(국가), 家口(가구)

家						
家						
家						

間 사이 간 12획/門/7	문틈으로 햇빛이 들어오는 모양이 바뀌어서 만들어짐
	용례: 空間(공간), 人間(인간), 中間(중간), 民間(민간)

間						
間						
间						

江 강 강 6획/水/7	물 수(水)와 음을 나타내는 '공(工)'을 합친 글자로, 땅을 뚫고 흐르는 큰 '강'을 뜻함
	용례: 江村(강촌), 江山(강산), 漢江(한강), 江南(강남)

江						
江						
江						

車	수레 거/차	수레의 모양을 본뜬 글자로 '수레, 수레바퀴'를 뜻함
	7획/車/7	용례: 車道(차도), 電車(전차), 下車(하차), 車主(차주)

車		
車		
车		

工	장인 공	목수 일을 할 때 사용하는 연장 중 '자'의 모양을 본뜬 글자
	3획/工/7	용례: 工場(공장), 工夫(공부), 工事(공사), 手工(수공)

工		
工		
工		

空	빌 공	구멍 혈(穴)과 만들 공(工). 땅을 파내어서 만든 구멍이나, 굴 속이 텅 비어 있는 것을 뜻함
	8획/穴/7	용례: 空中(공중), 空軍(공군), 空氣(공기), 時空(시공)

空		
空		
空		

口	입 구	사람의 벌린 입 모양을 본뜬 글자
	3획/口/7	용례: 食口(식구), 人口(인구), 出口(출구), 入口(입구)

口		
口		
口		

記	기록할 기	말씀 언(言)과 몸 기(己). 말을 다듬어 쓰다, 마음에 새기는 것으로 '기록하다'를 뜻함						
	10획/言/7	용례: 日記(일기), 前記(전기), 記事(기사), 手記(수기)						
記								
記 記								

旗	깃발 기	전쟁에서 싸울 때 지휘하기 위하여 높이 올리는 '깃발'을 뜻함						
	14획/方/7	용례: 校旗(교기), 國旗(국기), 軍旗(군기), 白旗(백기)						
旗								
旗 旗								

氣	기운 기	기운 기(气)와 쌀 미(米). 밥을 지을 때 증기가 증발하는 것을 뜻함						
	10획/气/7	용례: 電氣(전기), 同氣(동기), 上氣(상기), 生氣(생기)						
氣								
気 気								

男	사내 남	밭 전(田)과 힘 력(力). 밭에 나가서 힘써 일하는 '남자'를 뜻함						
	7획/田/7	용례: 男女(남녀), 男子(남자), 男便(남편), 長男(장남)						
男								
男 男								

內	안 내	멀 경(冂)은 세 방면이 가리어진 것으로 들 입(入)을 더하여 어떤 영토의 '안, 속'을 뜻함
	4획/入/7	용례: 內外(내외), 內面(내면), 內室(내실), 市內(시내)

內						
內						
內						

農	농사 농	농부가 밭(田,曲)일을 할 때는 별(辰)을 보며 일을 한다는 것으로 '농사'를 뜻함
	13획/辰/7	용례: 農夫(농부), 農事(농사), 農村(농촌), 農土(농토)

農						
農						
农						

答	대답 답	대나무 죽(竹)과 합할 합(合), 대나무 조각에 써서 보낸 편지에 답장을 하는 것
	12획/竹/7	용례: 問答(문답), 正答(정답), 東問西答(동문서답), 答紙(답지)

答						
答						
答						

道	길 도	쉬엄쉬엄 갈 착(辶)과 머리 수(首). 사람이 길을 가는 모양을 나타내어 '길'을 뜻함
	13획/辶/7	용례: 孝道(효도), 人道(인도), 道民(도민), 水道(수도)

道						
道						
道						

冬	겨울 동	얼음 빙(冫)은 얼음에 금이 간 모양을 본뜬 글자. 발 밑에 얼음이 어는 계절 '겨울'을 뜻함
	5획/冫/7	용례: 立冬(입동), 冬夏(동하, 겨울과 여름), 秋冬(추동)

冬						
冬						
冬						

同	한가지 동	여로 모(凡의 변형)와 입 구(口). 여러 사람의 입에서 나오는 의견이 모두 같다는 것으로 '한가지'를 뜻함
	6획/口/7	용례: 同門(동문), 同時(동시), 同色(동색), 同生(동생)

同						
同						
同						

洞	골/마을 동 통할 통	물 수(水)와 한가지 동(同). 물이 흐르는 골짜기에 여러 사람이 모여 사는 '골, 마을'을 뜻함
	9획/水/7	용례: 洞口(동구, 마을 어귀), 洞里(동리, 마을), 洞長(동장)

洞						
洞						
洞						

動	움직일 동	무거울 중(重)에 힘 력(力). 무거운 것을 힘으로 '움직이다'를 뜻함
	11획/力/7	용례: 動物(동물), 動力(동력), 手動(수동)

動						
動						
动						

| 登 | 오를 등 | 두 발을 모으고 가지런히 서서 제단의 제기에 음식을 올려놓는 모양 |
| | 12획/癶/7 | 용례: 登山(등산), 登校(등교), 登場(등장) |

登							
登							
登							

| 來 | 올 래 | 익은 보리 이삭이 매달려 쳐져 있는 모양을 본뜬 글자. 보리는 하늘이 내리신 곡식으로 '오다'를 뜻함 |
| | 8획/人/7 | 용례: 來年(내년), 來日(내일), 來世(내세, 미래), 外來語(외래어) |

來							
来							
来							

| 力 | 힘 력 | 물건을 들어올릴 때 생기는 근육의 모양을 본뜬 글자 |
| | 2획/力/7 | 용례: 活力(활력), 全力(전력), 國力(국력), 水力(수력) |

力							
力							
力							

| 老 | 늙을 로 | 머리카락이 길고 허리가 굽은 노인이 지팡이를 짚고 서 있는 모양을 본뜬 글자 |
| | 6획/老/7 | 용례: 老少(노소), 老人(노인), 老母(노모), 老年(노년) |

老							
老							
老							

里	마을 리	밭 전(田)과 흙 토(土). 밭도 있고 토지도 있어 사람이 살 만한 곳이란 의미로, '마을'을 뜻함
	7획/里/7	용례: 里長(이장), 萬里(만리), 里村(이촌, 마을), 海狸(해리)
里		
里		
里		

林	수풀 림	나무(木)와 나무가 있으니 나무가 많은 곳, 즉 '숲'을 뜻함
	8획/木/7	용례: 農林(농림), 山林(산림), 國有林(국유림)
林		
林		
林		

立	설 립	사람이 땅 위에 서서 두 팔을 벌리고 있는 모양
	5획/立/7	용례: 自立(자립), 立春(입춘), 中立(중립), 直立(직립)
立		
立		
立		

每	매양 매	매일, 늘 풀의 싹이 돋아나는 데서 유래한 말로 '늘, 항상, 여러 번'을 뜻함
	7획/毋/7	용례: 每日(매일), 每年(매년), 每事(매사), 每時(매시)
每		
每		
每		

面	낯 면	이마(一), 밑에 눈(目)과 양 옆으로 볼이 있는 사람의 얼굴 모습을 본딴 것으로 '얼굴'을 뜻함
	9획/面/7	용례: 邑面(읍면), 場面(장면), 紙面(지면), 面民(면민)

面					
面					
面					

名	이름 명	저녁 석(夕)과 입 구(口). 저녁에는 입으로 이름을 불러 확인함에서 유래함
	6획/口/7	용례: 有名(유명), 名門(명문), 名色(명색), 地名(지명)

名					
名					
名					

命	목숨 명	명령 령(令)과 입 구(口). 임금의 명령은 목숨을 바쳐서라도 지켜야 한다는 것을 말함
	8획/口/7	용례: 生命(생명), 天命(천명), 王命(왕명), 人命(인명)

命					
命					
命					

文	글월 문	사람의 몸에 그린 문신을 본뜬 글자. 아름다운 '무늬'를 뜻했으나 '글월, 글자'의 뜻이 됨
	4획/文/7	용례: 文物(문물), 文學(문학), 文敎(문교), 文字(문자)

文					
文					
文					

問	물을 문	문 문(門)과 입 구(口). 문 앞에서 입을 열어 말하며 묻는 것을 뜻함
11획/口/7		용례: 自問(자문), 學問(학문)

問						
問						
问						

物	물건 물	소 우(牛)와 말 물(勿 : 부정을 씻음). 부정이 씻긴 산 제물인 소의 뜻에서 '물건'을 나타냄
8획/牛/7		용례: 植物(식물), 萬物(만물), 人物(인물), 物心(물심, 물질과 정신)

物						
物						
物						

方	모 방	배를 언덕에 묶어 놓은 모양. 또는 칼을 칼꽂이에 꽂아 놓은 모양
4획/方/7		용례: 四方(사방), 地方(지방), 東方(동방), 百方(백방), 八方(팔방)

方						
方						
方						

百	일백 백	머리카락이 하얗게 센 사람 머리에 'ㅡ'을 합친 글자로, 후에 '일백, 많다'를 뜻함
6획/白/7		용례: 百姓(백성), 百年(백년), 百萬(백만)

百						
百						
百						

| 夫 | 지아비 부 | 사람(大), 머리 위에 모자(一)을 쓴 남자 모습을 나타낸 글자로, '남편, 지아비'를 뜻함 |
| | 4획/大/7 | 용례: 兄夫(형부), 夫人(부인) |

夫						
夫						
夫						

| 不 | 아닐 불/부 | 새가 하늘 높이 날아오르는 것을 본뜬 글자. 날아오른 새는 내려오지 않음을 뜻함 |
| | 4획/一/7 | 용례: 不便(불편), 不定(부정), 不孝(불효), 不安(불안), 不平(불평) |

不						
不						
不						

| 事 | 일 사 | 깃발 달린 깃대를 세운 모양을 본뜬 글자로 '일'이라는 뜻을 나타냄 |
| | 8획/丨/7 | 용례: 事後(사후), 萬事(만사), 事前(사전), 食事(식사), 國事(국사) |

事						
事						
事						

| 算 | 셈 산 | 산가지나 주판을 손에 잡고 계산하는 모양을 본뜬 글자로, '셈하다'라는 뜻을 나타냄 |
| | 14획/竹/7 | 용례: 算數(산수), 算出(산출) |

算						
算						
算						

| 上 | 위 상 | 일정한 위치를 '一'로 표시하고 그 위에 물건이 놓이는 지점을 '위쪽' 또는 '높다'고 함 |
| | 3획/一/7 | 용례: 算數(산수), 算出(산출) |

上						
上						
上						

| 色 | 빛 색 | 사람의 심정이 얼굴빛에 나타나는 모양을 본뜬 글자로 '빛'을 뜻함 |
| | 6획/色/7 | 용례: 靑色(청색), 月色(월색), 氣色(기색) |

色						
色						
色						

| 夕 | 저녁 석 | 초저녁 밤하늘에 뜬 초승달. 달 월(月)에 한 획을 줄여 달이 뜨려고 할 무렵, '초저녁'을 뜻함 |
| | 3획/夕/7 | 용례: 七夕(칠석) |

夕						
夕						
夕						

| 姓 | 성씨 성 | 여자 녀(女)와 날 생(生). 여자가 자식을 나으면 이름을 짓는 것으로, '성'을 뜻함 |
| | 3획/女/7 | 용례: 姓名(성명) |

姓						
姓						
姓						

世	인간 세	열 십(十)을 세 번 합쳐 30년을 뜻함. 인생의 일대(一代)를 30년(20세~50세)으로 보아 '대, 세대'를 뜻함				
	3획/一/7	용례: 中世(중세), 出世(출세), 後世(후세)				
世						
世世						
世世						

少	적을 소	작을 소(小)와 삐침 별(丿). 물체의 일부분이 떨어져 나가 적어짐을 뜻함				
	4획/小/7	용례: 少年(소년), 少女(소녀), 少數(소수), 年少(연소)				
少						
少少						
少少						

所	바 소	문(戶)과 도끼(斤)를 합한 글자로, 도끼는 집에 둔다는 의미로 '장소, 곳'을 뜻함				
	8획/戶/7	용례: 場所(장소), 住所(주소), 所有(소유)				
所						
所所						
所所						

手	손 수	다섯 손가락을 편 손의 모양을 본뜬 글자				
	4획/手/7	용례: 手足(수족), 手中(수중), 木手(목수)				
手						
手手						
手手						

數	셈 수	여럿 루(婁 : 여자들을 늘어놓은 모양)와 칠 복(攴). 여러 번 두드리며 그 수를 세는 것을 뜻함
	15획/攵/7	용례: 數學(수학), 數日(수일), 數字(숫자), 正數(정수)

數						
数						
数						

市	저자 시	생활에 필요한 옷감(巾)을 사기 위해서 가야하는 곳. '저자(시장)'를 뜻함
	5획/巾/7	용례: 市場(시장), 市長(시장), 市民(시민)

市						
市						
市						

時	때 시	날 일(日)과 갈 지(土, 之)와 규칙 촌(寸). 해가 규칙적으로 움직인다는 것으로 '때, 철'을 뜻함
	10획/日/7	용례: 時間(시간), 時事(시사), 午時(오시)

時						
時						
时						

食	밥/먹을 식	밥을 그릇에 수북히 담은 모양을 본뜬 글자
	9획/食/7	용례: 食水(식수), 主食(주식), 外食(외식), 食前(식전)

食						
食						
食						

| 植 | 심을 식 | 나무 목(木)과 곧을 직(直). 나무 등 초목은 곧게 세워 심어야 잘 자라는 것으로 '심다'를 뜻함 |
| | 12획/木/7 | 용례: 植木(식목), 植木日(식목일), 植民地(식민지) |

植					
植					
植					

| 心 | 마음 심 | 사람 심장의 모양을 본뜬 글자 |
| | 4획/心/7 | 용례: 安心(안심), 小心(소심), 孝心(효심), 中心(중심), 民心(민심) |

心					
心					
心					

| 安 | 편안 안 | 여자가 집 안에 있으면서 집안일을 돌보니 집안이 '편안하다'를 뜻함 |
| | 4획/宀/7 | 용례: 安佺(안전), 平安(평안), 安住(안주), 問安(문안) |

安					
安					
安					

| 語 | 말씀 어 | 말씀 언(言)과 나 오(吾). 나의 의견을 말하는 것으로 '말하다, 말씀'을 뜻함 |
| | 14획/言/7 | 용례: 國語(국어) |

語					
語					
语					

| 然 | 그러할 연 | 개(犬)고기(月,肉)를 불에 태우는 모양을 나타낸 글자로, '태우다' 후에 '그러하다'를 뜻함 |
| | 12획/火/7 | 용례: 自然(자연), 天然(천연) |

然							
然							
然							

| 午 | 낮 오 | 절구질할 때 들어올린 절굿공이의 모양. 오전 11시부터 오후 1시 사이 '한낮'을 뜻함 |
| | 4획/十/7 | 용례: 正午(정오), 午前(오전), 午後(오후), 下午(하오) |

午							
午							
午							

| 右 | 오른 우 | 또 우(又)와 입 구(口). 일을 할 때 오른손만으로는 부족하여 입으로 돕는다는 뜻임 |
| | 5획/口/7 | 용례: 右軍(우군) |

右							
右							
右							

| 有 | 있을 유 | 또 우(又)와 고기 육(肉). 손에 고기를 쥐고 있는 것으로 '가지고 있음'을 뜻함 |
| | 6획/月/7 | 용례: 有力(유력), 國有(국유) |

有							
有							
有							

| 育 | 기를 육 | 잘라 낸 한 점의 고깃덩이를 본뜬 글자 |
| | 8획/肉/7 | 용례: 敎育(교육), 生育(생육) |

育
育
育

| 邑 | 고을 읍 | 둘러쌀 위(圍)와 병부 절(卩:사람).
일정한 경계 안에 사람이 모여 사는 '마을, 고을'을 뜻함 |
| | 7획/邑/7 | 용례: 邑民(읍민), 邑村(읍촌), 小邑(소읍), 邑長(읍장) |

邑
邑
邑

| 入 | 들 입 | 하나의 줄기 밑에 뿌리가 갈라져 땅 속으로 뻗어 들어가는 모양 |
| | 2획/入/7 | 용례: 出入(출입), 入住(입주), 入學(입학), 入場(입장), 入金(입금) |

入
入
入

| 子 | 아들 자 | 갓난아이가 두 팔을 벌리고 있는 모양을 본뜬 글자 |
| | 3획/子/7 | 용례: 子正(자정), 父子(부자), 王子(왕자), 長子(장자), 子女(자녀) |

子
子
子

字	글자 자	움집 안에서 아이가 태어나고 자식을 소중히 기른다는 것으로, '글자, 양육하다'를 뜻함
	子/6획/7	용례: 漢字(한자)

字						
字						
字						

自	스스로 자	사람의 코 모양을 본뜬 글자. '나'를 말할 때 자기 코를 가리켰기 때문에 '나, 자신, 스스로'를 뜻함
	6획/自/7	용례: 自動(자동), 自足(자족), 自主(자주)

自						
自						
自						

場	마당 장	흙 토(土)와 빛날 양(昜). 햇볕이 잘 드는 양지바른 곳, 즉 '마당, 장소'를 뜻함
	12획/土/7	용례: 場內(장내), 場外(장외)

場						
場						
場						

全	온전 전	들 입(入)과 구슬 옥(玉). 사람 손에 의해 옥이 가공되어 완전한 것이 된다는 뜻
	6획/入/7	용례: 全國(전국), 全軍(전군), 全南(전남)

全						
全						
全						

| 前 | 앞 전 | 칼(刀)로 묶어 놓았던 배(舟)의 밧줄을 끊으면 배가 앞으로 나아가는 것을 뜻함 |
| | 9획/刀/7 | 용례: 前後(전후), 直前(직전), 生前(생전), 前面(전면) |

前								
前								
前								

| 電 | 번개/전기 전 | 비 우(雨)와 펼 신(申). 비가 올 때 번쩍번쩍 빛을 펼치는 '번개'를 뜻함 |
| | 13획/雨/7 | 용례: 電話(전화), 電子(전자), 電燈(전등) |

電								
電								
电								

| 正 | 바를 정 | 한 일(一)과 발 지(止). 정지선에 바르게 멈춘다는 것으로 '바르다'를 뜻함 |
| | 5획/止/7 | 용례: 正直(정직), 正門(정문), 正月(정월) |

正								
正								
正								

| 祖 | 할아버지 조 | 보일 시(示)와 도마 조(且). 제상 위에 제물을 차려 제사를 지내는 대상은 '조상'이라는 뜻 |
| | 10획/示/7 | 용례: 祖母(조모), 祖父(조부), 先祖(선조), 祖國(조국) |

祖								
祖								
祖								

足	발 족	허벅다리에서 발목까지의 모양을 본떠 '발'을 나타낸 글자
	7획/足/7	용례: 不足(부족)

足 足 足

左	왼 좌	왼손 좌(左)와 장인 공(工). 목수가 일할 때 왼손이 오른손을 돕는다는 것으로 '돕다, 왼쪽'을 뜻함
	5획/工/7	용례: 左右(좌우)

左 左 左

主	주인/임금 주	촛대의 불꽃 심지가 타는 모양을 본떠, 밤의 등불이 가족의 중심적 위치라는 것으로 '주인'을 뜻함
	5획/丶/7	용례: 主人(주인), 主動(주동)

主 主 主

話	말씀 화	말씀 언(言)과 혀 설(舌). 혀(舌)를 움직여 말(言)하는 것을 뜻함
	13획/言/7	용례: 民話(민화), 白話文學(백화문학)

話 話 話 话

住	살 주	사람 인(人)과 주인 주(主). 사람이 일정한 곳에 사는 것을 가리켜 '거처하다, 머물다'의 뜻
	7획/人/7	용례: 住民(주민)

住							
住							
住							

重	무거울 중	클 임(壬 : 서 있는 모습)과 동녘 동(東 : 짐을 진 모습). 사람이 등에 무거운 짐을 지고 서 있는 모양
	9획/里/7	용례: 重大(중대)

重							
重							
重							

地	땅 지	흙 토(土)와 있을 야(也). 큰 뱀이 꿈틀거리는 듯 구불구불한 형상인 '땅'을 뜻함
	6획/土/7	용례: 天地(천지), 土地(토지), 平地(평지), 地下(지하), 農地(농지)

地							
地							
地							

紙	종이 지	실 사(糸)와 각시 씨(氏). 氏는 나무 뿌리가 땅으로 약간 나온 모양. 나무 섬유를 떠서 만든 '종이'를 뜻함
	6획/糸/7	용례: 便紙(편지), 白紙(백지), 休紙(휴지)

紙							
紙							
紙							

直	곧을 직	열(十)의 눈(目)으로 보면 아무리 감출래야 감출 수가 없다는 것으로 '곧다, 바르다'를 뜻함
	8획/目/7	용례: 直入(직입), 日直(일직, 그날의 당직)

直						
直						
直						

千	일천 천	사람 인(人)과 열 십(十). 사람이 두 손을 치켜 10을 두 번 곱하는 것으로 '일천'을 나타냄
	3획/十/7	용례: 千年(천년), 千萬(천만), 三千(삼천), 千萬金(천만금)

千						
千						
千						

川	내 천	양쪽 언덕 사이로 물이 흐르고 있는 모양을 본뜬 글자
	3획/巛/7	용례: 山川(산천), 山川草木(산천초목), 春川(춘천)

川						
川						
川						

天	하늘 천	큰 대(大)와 한 일(一). 사람의 머리 위(一) 부분, 바로 넓은 '하늘'을 뜻함
	4획/大/7	용례: 靑天(청천), 先天(선천), 天年(천년), 後天(후천)

天						
天						
天						

| 草 | 풀 초 | 풀 초(艹, 艸)와 일찍 조(早)의 결합으로 이른(早) 봄에 싹(艸)이 파릇파릇 돋아나는 '풀'을 뜻함 |
| | 10획/艸/7 | 용례: 花草(화초), 草木(초목), 水草(수초) |

草			
草 草			
草 草			

| 村 | 마을 촌 | 나무 목(木)과 법도 촌(寸). 나무 있는 곳에 집을 짓고 법도가 있는 곳으로 '마을'을 뜻함 |
| | 7획/木/7 | 용례: 村里(촌리, 마을), 村家(촌가), 南村(남촌), 村民(촌민) |

村			
村 村			
村 村			

| 秋 | 가을 추 | 벼 화(禾)와 불 화(火). 곡식을 햇볕에 말려 거두어들이는 계절, '가을, 결실'을 뜻함 |
| | 9획/禾/7 | 용례: 春秋(춘추) |

秋			
秋 秋			
秋 秋			

| 春 | 봄 춘 | 풀 초(艸)와 떼지어 모일 준(屯)과 날 일(日). 풀의 싹이 햇빛을 받아 무리 지어 돋아나는 '봄'을 뜻함 |
| | 9획/日/7 | 용례: 春夏秋冬(춘하추동), 靑春(청춘), 春夏(춘하) |

春			
春 春			
春 春			

동아시아 한자 익히기

出	날 출	초목의 싹이 차츰 위로 나오며 자라는 모양을 본뜬 글자. '나다, 성장하다'를 뜻함
	5획/凵/7	용례: 出家(출가), 出土(출토), 外出(외출), 出力(출력)

出		
出		
出		

便	편할 편 똥/오줌 변	사람 인(人)과 고칠 경(更). 사람이 불편한 것을 고치는 것으로 '편리하다'를 뜻함
	9획/人/7	용례: 便安(편안), 便所(변소), 西便(서편), 人便(인편), 小便(소변)

便		
便		
便		

平	평평할 평	물에 뜬 부평초의 모양을 본뜬 글자. 수면이 '평평하다, 고르다'를 뜻함
	5획/干/7	용례: 平生(평생), 平年(평년), 平民(평민), 平日(평일)

平		
平		
平		

下	아래 하	일정한 위치를 의미하는 일(一)의 아래를 나타내는 글자. 하늘 밑에 있는 것으로, '아래'를 뜻함
	3획/一/7	용례: 下校(하교), 下山(하산)

下		
下		
下		

夏	여름 하	머리 혈(頁)과 천천히 걸을 쇠 발(夊). 이마(一)와 코(自)와 발(夊)이 더운 것으로 '여름'을 뜻함
	夊/10획/7	용례: 夏冬(하동)

夏							
夏							
夏							

漢	한수/한나라/ 놈 한	물이 없어 어렵다는 뜻, 또는 나라 이름으로 씀
	14획/水/7	용례: 門外漢(문외한, 그 일에 전문가가 아닌 사람), 漢文(한문)

漢							
漢							
汉							

海	바다 해	물 수(水)와 매양 매(每). 물이 마르지 않고 항상 가득 차 있는 곳, '바다'를 뜻함
	10획/水/7	용례: 海外(해외), 海軍(해군), 西海(서해), 海水(해수), 東海(동해)

海							
海							
海							

花	꽃 화	풀 초(艸)와 변화할 화(化). 새싹이 돋아나 자라면서 꽃을 피우는 것으로, '꽃'을 뜻함
	10획/艸/7	용례: 生花(생화), 花木(화목), 白花(백화)

花							
花							
花							

동아시아 한자 익히기

活	살 활	물 수(水)와 입막을 괄(舌). 막혔던 물이 터져 한꺼번에 세차게 흐르는 것으로 '살다, 생동하다'를 뜻함					
	9획/水/7	용례: 活動(활동), 活字(활자), 生活(생활)					
活							
活活							

孝	효도 효	늙을 노(老)와 아들 자(子). 아들이 늙은 어버이를 잘 섬기는 것으로 '효도'를 뜻함					
	7획/子/7	용례: 孝子(효자), 孝女(효녀)					
孝							
孝孝							

後	뒤 후	어린아이가 조금씩 걸으며 뒤따라온다는 것으로 '뒤, 뒤로하다'를 뜻함					
	9획/彳/7	용례: 先後(선후), 後方(후방), 後食(후식)					
後							
後后							

休	쉴 휴	사람 인(人)과 나무 목(木). 사람이 나무 그늘 밑에서 쉬고 있는 모양을 본뜬 글자					
	6획/人/7	용례: 休校(휴교), 休學(휴학), 休日(휴일)					
休							
休休							

6급

6급Ⅱ포함

동아시아 한자 익히기

各	각각 각	걸어오던 사람의 발이 걸린 모양을 본뜬 글자
	6획/口/6	용례: 各界(각계), 各自(각자), 各自圖生(각자도생), 各別(각별)

各						
各						
各						

角	뿔 각	끝이 뾰족한 동물의 뿔을 본떠서 만든 글자
	7획/角/6	용례: 角度(각도), 直角(직각), 四角(사각), 角木(각목), 頭角(두각)

角						
角						
角						

感	느낄 감	덜 감(戌)이란 음부분과 마음(心)이란 뜻이 합쳐진 글자로, '느끼다'라는 의미를 가진다
	13획/心/6	용례: 感動(감동), 感氣(감기), 使命感(사명감), 交感(교감)

感						
感						
感						

强	강할 강	클 홍과 벌레 충이 합쳐진 글자로 크고 단단한 곤충을 나타낸다
	12획/弓/6	용례: 强弱(강약), 强力(강력), 强直(강직), 强國(강국), 强度(강도)

强						
强						
强						

| 開 | 열 개 | 문(門)의 빗장을 받쳐 들듯(开), 잡아 여는 모습 |
| | 12획/門/6 | 용례: 開放(개방), 開會(개회), 開京(개경), 開發(개발), 公開(공개) |

開				
開				
开				

| 京 | 서울 경 | 높은 언덕에 세운 집을 본뜬 글자로, '임금이 사는 곳', 즉 '서울'을 뜻함 |
| | 8획/亠/6 | 용례: 上京(상경), 京春線(경춘선), 在京(재경) |

京				
京				
京				

| 界 | 지경 계 | 밭(田)과 음을 나타내는 개(介)를 합친 글자로, 밭 사이의 경계를 뜻함 |
| | 9획/田/6 | 용례: 世界(세계), 外界(외계), 學界(학계) |

界				
界				
界				

| 計 | 셀 계 | 말(言)과 수를 뜻하는 '十'을 합친 글자로, '셈하다'라는 뜻을 나타냄 |
| | 9획/言/6 | 용례: 計算(계산), 時計(시계), 會計(회계), 計算書(계산서) |

計				
計				
計				

古	예 고	열 사람(十)의 입(口)으로 말 할 만큼 오래된 이야기라는 데서 '옛'을 뜻함
	5획/口/6	용례: 古今(고금), 古代(고대), 古文(고문), 上古(상고)

古						
古						
古						

苦	쓸 고	투구(古)와 풀(艹)을 합친 글자로, 쓴 약초로 얼굴이 굳어지는 괴로움을 뜻함
	9획/艹/6	용례: 苦樂(고락), 苦待(고대, 몹시 기다림), 同苦同樂(동고동락)

苦						
苦						
苦						

高	높을 고	2층으로 된 건물을 본뜬 글자로, '높다'라는 뜻을 나타냄
	10획/高/6	용례: 高級(고급), 高度(고도), 高等(고등), 高山(고산)

高						
高						
高						

公	공평할 공	사사로운 것을 나누어 공평하게 한다는 뜻
	4획/八/6	용례: 公式(공식), 公用(공용), 公園(공원), 公休日(공휴일)

公						
公						
公						

功	공 공	힘(力)을 다하여 공(工)을 세웠다는 뜻을 나타냄
	5획/力/6	용례: 成功(성공), 功名心(공명심)

功					
功					
功					

共	한가지 공	두 손이 맞잡음으로써 '함께'를 뜻함
	6획/八/6	용례: 共用(공용), 共有(공유), 共同(공동), 共同生活(공동생활)

共					
共					
共					

科	과목 과	벼(禾)와, 되(斗)를 합친 글자로, '분량을 재거나 나누다'라는 뜻
	9획/禾/6	용례: 科目(과목), 科學(과학), 內科(내과), 敎科(교과), 理科(이과)

科					
科					
科					

果	실과 과	나무 위에 둥근 열매가 달려 있는 것으로 과일나무를 본뜬 글자
	9획/木/6	용례: 果樹(과수), 果然(과연), 成果(성과), 藥果(약과)

果					
果					
果					

光	빛 광 6획/儿/6	불 화(火)와 우뚝 선 사람(儿)을 합친 글자로 불을 들고 있는 모습을 본뜬 글자
		용례: 光明(광명), 光線(광선), 夜光(야광), 發光(발광)
光 光 光		

交	사귈 교 6획/亠/6	사람이 두 다리를 꼬고 있는 모습을 본떠서, '사귀다, 교차함'을 뜻함
		용례: 交通(교통), 遠交(원교), 交代(교대), 交信(교신), 社交(사교)
交 交 交		

球	공 구 11획/玉/6	구슬(玉)과 구할 구(求). 옥을 구하여 아름답고 둥글게 갈아서 만든 구슬을 뜻함
		용례: 野球(야구), 地球(지구), 氣球(기구), 球場(구장), 足球(족구)
球 球 球		

區	구역 구 11획/匸/6	감출 혜(匸), 속에 가지 품(品)을 넣은 글자로, 넓은 곳을 여러 개로 나눈다는 뜻
		용례: 區別(구별), 區分(구분), 區郡邑面(구군읍면)
區 区 区		

郡	고을 군	임금 군(君)과 고을 읍(邑). 임금의 명령을 받아서 다스리는 고을을 뜻함
	10획/邑/6	용례: 市郡(시군), 郡民(군민)

郡						
郡						
郡						

近	가까울 근	쉬엄쉬엄 갈 착(辶)과 무게 근(斤). 거리나 시간을 작게하는 것으로 '가깝다'를 뜻함
	8획/辶/6	용례: 遠近(원근), 親近(친근), 近代(근대), 近者(근자), 近年(근년)

近						
近						
近						

根	뿌리 근	나무 목(木)과 거스를 간(艮). 나무에 거슬려 반대로 난다는 의미로 뿌리를 뜻함
	10획/木/6	용례: 根本(근본), 草根(초근, 풀의 뿌리)

根						
根						
根						

今	이제 금	사람이 모여서 때를 맞추어 나가서 이른다는 뜻. 또는 어떤 물건이 지붕 밑에 놓여있는 모습
	4획/人/6	용례: 今年(금년), 今世(금세), 今後(금후)

今						
今						
今						

急	급할 급	미칠 급(及)과 마음 심(心). 뒤따라가며 급한 마음으로 서둘러 이르는 것으로 '급하다'를 뜻함
	9획/心/6	용례: 急速(급속), 急行(급행), 急死(급사), 特急(특급), 時急(시급)
急		
急		
急		

級	등급 급	실 사(糸)와 미칠 급(及). 실이 계속해서 이어져 있는 것으로 등급을 뜻함
	10획/糸/6	용례: 等級(등급), 學級(학급), 級數(급수), 級訓(급훈)
級		
級		
級		

多	많을 다	두 개의 저녁 석(夕). 저녁이 겹쳐 날짜가 많이 지나감을 뜻함
	6획/夕/6	용례: 多少(다소), 多讀(다독), 多幸(다행), 多才(다재), 多數(다수)
多		
多		
多		

短	짧을 단	예전에 화살은 짧은 물건을 잴 때, 콩은 작은 물건을 셀 때 사용하여 '짧다'를 뜻함
	12획/矢/6	용례: 長短(장단), 短命(단명), 一長一短(일장일단), 短文(단문)
短		
短		
短		

동아시아 한자 익히기

堂	집 당	흙(土)과 상(尚)을 합친 글자로, 흙을 높이 쌓아 그 위에 지은 큰 집을 뜻함
	11획/土/6	용례: 明堂(명당), 書堂(서당), 食堂(식당), 正正堂堂(정정당당)

堂						
堂						
堂						

代	대신 대	사람(人)과 주살 익(弋). 사람을 대신하여 세워 놓은 말뚝을 뜻함
	5획/人/6	용례: 現代(현대), 代身(대신), 代表(대표), 時代(시대)

代						
代						
代						

待	기다릴 대	조금 걸을 척(彳)과 관청 시(寺). 관청에 간 사람이 조금 걸어다니며 순서를 기다림을 뜻함
	9획/彳/6	용례: 待合室(대합실)

待						
待						
待						

對	대할 대	악기를 건 기둥과 손을 합쳐 만든 글자로, '대하다'는 뜻을 나타냄
	14획/寸/6	용례: 對話(대화), 反對(반대), 對答(대답), 對面(대면), 對等(대등)

對						
対						
対						

度	법도 도 9획/广/6	무리 서(庶)와 오른 우(又). 손으로 잰 것이 자로 잰 것과 똑같다는 뜻으로 법도를 뜻함
		용례: 速度(속도), 溫度(온도), 年度(연도)

度							
度							
度							

圖	그림 도 14획/口/6	에울 위(口)안에 마을 비(啚). 마을의 농토 둘레를 긋는 것으로 그림을 뜻함
		용례: 地圖(지도), 圖書(도서), 圖畫(도화)

圖							
図							
图							

讀	읽을 독 구절 두 22획/言/6	말씀 언(言)에 팔 매(賣). 장사꾼이 물건을 팔 때 소리지르는 것처럼 '소리내어 글을 읽다'를 뜻함
		용례: 讀書(독서), 讀者(독자), 讀後感(독후감)

讀							
読							
读							

童	아이 동 12획/立/6	설 립(立)과 마을 리(里)가 합쳐진 자. 마을 입구에 서서 잘 뛰노는 아이를 본뜬 글자
		용례: 童話(동화), 童心(동심), 童話作家(동화작가), 學童(학동)

童							
童							
童							

頭	머리 두	콩 두(豆)와 머리 혈(頁)을 합쳐 만든 자. 콩처럼 사람의 머리가 둥글다는 뜻
	16획/頁/6	용례: 白頭山(백두산), 頭痛(두통), 頭目(두목), 先頭(선두)

頭						
頭						
头						

等	무리 등	옛날 관리가 대나무 조각으로 만든 서류를 등급별로 나누어 분류하는 데에서 비롯한 것
	12획/竹/6	용례: 平等(평등), 萬民平等(만민평등), 等數(등수)

等						
等						
等						

樂	즐길 락 풍류 악 좋아할 요	나무와 위에 크고 작은 북이 걸려 있는 모양으로 악기를 연주하며 즐기다를 뜻함
	15획/木/6	용례: 樂園(낙원), 樂山樂水(요산요수), 歌樂(가악), 安樂(안락)

樂						
楽						
乐						

例	본보기 례	사람(人과), 벌릴 렬(列). 사람들을 차례로 줄 세워 놓은 것으로 본보기, 법식을 뜻함
	8획/人/6	용례: 事例(사례), 例外(예외), 例題(예제), 先例(선례)

例						
例						
例						

禮	예도 례	보일 시(示)와 풍년 풍(豊). 음식을 풍성하게 차려놓고 신에게 경를 표하는 것으로 예도, 예의를 뜻함
	18획/示/6	용례: 禮式場(예식장), 禮式(예식), 禮樂(예악), 先禮後學(선례후학)

禮				
礼				
礼				

路	길 로	발 족(足)과 이을 락(各)을 합친 글자로, 발길이 이어져 다니는 길을 뜻함
	13획/足/6	용례: 道路(도로), 通路(통로), 路線(노선), 遠路(원로, 먼 길)

路				
路				
路				

綠	푸를 록	실 사(糸)와 나무 깎을 록(彔). 나무의 껍질을 깎으면 초록빛이 나오는 것으로 '푸르다'를 뜻함
	14획/糸/6	용례: 草綠(초록), 新綠(신록), 靑綠(청록), 綠地(녹지)

綠				
綠				
綠				

理	다스릴 리	구슬(王)과 음을 나타내는 리(里)를 합친 글자로, '사물의 도리'라는 뜻을 나타냄
	11획/玉/6	용례: 理由(이유), 道理(도리), 地理(지리), 生理(생리), 合理(합리)

理				
理				
理				

利	이로울 리	벼(禾)와 칼(刂)을 합친 글자로, 칼로 벼를 베니 '이롭다'는 뜻을 나타냄
	7획/刀/6	용례: 勝利(승리), 利用(이용), 便利(편리), 利子(이자)
利		
利		
利		

李	오얏 리	나무(木)에 자녀(子)가 생기는 '오얏나무'를 뜻함
	7획/木/6	용례: 李朝(이조), 李花(이화), 行李(행리)
李		
李		
李		

明	밝을 명	창문과 달을 합친 글자로, 달빛이 창문 사이로 들어오니 '밝다'라는 뜻
	8획/日/6	용례: 明月(명월), 失明(실명), 淸風明月(청풍명월), 明日(명일)
明		
明		
明		

目	눈 목	사람의 눈의 모양을 본뜬 글자
	5획/目/6	용례: 題目(제목), 注目(주목), 科目(과목), 目禮(목례)
目		
目		
目		

聞	들을 문	'문(門)'과 '귀(耳)'를 합친 글자로, 문 밖의 소리를 듣는다는 뜻
	14획/耳/6	용례: 新聞(신문), 所聞(소문), 風聞(풍문)

聞				
聞				
闻				

米	쌀 미	벼이삭을 본뜬 글자로, '쌀'을 뜻함
	6획/米/6	용례: 白米(백미), 米色(미색), 米飮(미음), 上米(상미)

米				
米				
米				

美	아름다울 미	양 양(羊)과 큰 대(大). 크고 살찐 양이 보기도 좋고 아름다우며 맛나다는 뜻을 나타냄
	9획/羊/6	용례: 美術(미술), 美國(미국), 美男(미남), 美人(미인)

美				
美				
美				

朴	성/소박할 박	나무 목(木)과 점칠 복(卜)의 결합, 점칠 때 갈라진 거북의 등딱지처럼 나무껍질이 갈라진 모습으로 '순박하다'를 뜻함
	6획/木/6	용례: 素朴(소박), 純朴(순박), 樸直(박직)

朴				
朴				
朴				

| 反 | 돌이킬 반 | 바위 엄(厂)과 손 우(又). 손으로 바위를 '뒤엎는다'는 뜻 |
| | 4획/又/6 | 용례: 反省(반성), 反旗(반기), 反共(반공), 反戰(반전) |

反							
反							
反							

| 半 | 반 반 | 나눌 팔(八)과 소 우(牛). 소를 잡아 반으로 나누는 것으로 '반'을 뜻함 |
| | 5획/十/6 | 용례: 前半(전반), 半音(반음), 北半球(북반구), 半身(반신) |

半							
半							
半							

| 班 | 나눌 반 | 쌍옥 각(珏)과 칼 도(刂). 옥을 둘로 쪼개서 나눠 갖는 것으로 나누다를 뜻함 |
| | 10획/玉/6 | 용례: 班長(반장), 九班(구반), 分班(분반) |

班							
班							
班							

| 發 | 필 발 | 짓밟을 발(癶)과 활 궁(弓). 두발로 힘있게 서서 활을 쏜다는 뜻 |
| | 12획/癶/6 | 용례: 出發(출발), 發表(발표), 發病(발병), 發信(발신), 發電(발전) |

發							
発							
发							

放	놓을 방	어떤 방향(方)으로 가도록 쳐(攵) 놓는다는 뜻
	8획/攵/6	용례: 放心(방심), 放火(방화), 放出(방출), 訓放(훈방), 放學(방학)

放						
放						
放						

番	차례 번	농부가 밭에 곡식의 씨앗을 뿌리고 지나간 발자국 모양. 또는 짐승 발자국 모양을 본뜬 글자
	12획/田/6	용례: 番號(번호), 番地(번지), 萬繁(만번), 軍番(군번)

番						
番						
番						

別	다를/나눌 별	뼈 골(骨)과 칼 도(刀). 살을 발라내어 뼈와 살을 갈라놓는 것으로 '다르다'를 뜻함
	7획/刀/6	용례: 特別(특별), 分別(분별), 特別市(특별시), 別名(별명)

別						
別						
別						

病	병 병	병 녁(疒)과 밝을 병(丙). 불을 밝혀놓고 누군가 간호해야 할 만큼 병이 있으므로 '병'의 뜻
	10획/疒/6	용례: 病弱(병약), 萬病(만병), 病名(병명), 病者(병자), 中病(중병)

病						
病						
病						

| 服 | 옷 복 | 몸(月)을 보호하기 위해 옷을 입어야 한다는 뜻 |
| | 8획/月/6 | 용례: 衣服(의복), 下服(하복), 洋服(양복), 服用藥(복용약) |

服							
服							
服							

| 本 | 근본 본 | 나무 목(木)과 한 일(一). 나무의 뿌리 부분. 곧 근본을 뜻함 |
| | 5획/木/6 | 용례: 本部(본부), 本社(본사), 本業(본업), 本然(본연), 日本(일본) |

本							
本							
本							

| 部 | 떼 부 | 여러 고을을 나누어 다스리는 것으로 '떼, 나누다'를 뜻함 |
| | 11획/邑/6 | 용례: 部分(부분), 部族(부족), 內府(내부), 主部(주부), 中府(중부) |

部							
部							
部							

| 分 | 나눌 분 | 나눌 팔(八)에 칼 도(刀). 칼로 쪼개는 것으로 '나누다'를 뜻함 |
| | 4획/刀/6 | 용례: 分母(분모), 分數(분수), 分身(분신), 分室(분실), 分野(분야) |

分							
分							
分							

使	하여금/부릴 사	사람 인(人)과 관리 리(吏). 윗사람이 관리에게 일을 시키는 것으로 '부리다'를 뜻함
	8획/人/6	용례: 使用(사용), 使命(사명), 水使(수사), 天使(천사)

使					
使					
使					

死	죽을 사	뼈 앙상할 알(歹)과 사람 인(人). 뼈만 앙상한 사람이므로 죽음을 뜻함
	6획/歹/6	용례: 死後(사후), 生死(생사), 九死一生(구사일생), 死線(사선)

死					
死					
死					

社	모일 사	보일 시(示)와 흙 토(土). 원래는 토지신을 위해 제사 지내는 것을 뜻함
	8획/示/6	용례: 社會(사회), 社訓(사훈), 社長(사장), 社主(사주)

社					
社					
社					

書	책 서	붓 율(聿)과 말할 왈(曰). 말로 전해 내려오는 것을 붓으로 종이에 기록한다는 뜻
	10획/曰/6	용례: 文書(문서), 白面書生(백면서생), 書記(서기), 書式(서식)

書					
書					
书					

石	돌 석 5획/石/6	언덕(厂) 아래로 굴러 떨어진 돌멩이의 모양을 본뜬 글자
		용례: 石油(석유), 自然石(자연석), 石工(석공)

石						
石						
石						

席	자리 석 10획/巾/6	무리 서(庶)와 수건 건(巾). 여러 사람이 깔고 있는 돗자리를 뜻함
		용례: 出席(출석), 空席(공석), 立席(입석), 合席(합석), 病席(병석)

席						
席						
席						

線	줄 선 15획/糸/6	실 사(糸)와 샘 천(泉). 실이 샘물처럼 끊이지 않고 풀려 나오는 줄, 선
		용례: 直線(직선), 電線(전선), 有線(유선), 戰線(전선), 線路(선로)

線						
線						
线						

雪	눈 설 11획/雨/6	비 우(雨)와 쓸 혜(彗). 비가 뭉쳐 눈이 되어 내리는 것을 쓴다는 뜻
		용례: 白雪(백설), 春雪(춘설), 大雪(대설)

雪						
雪						
雪						

成	이룰 성	장정들의 무성한 힘으로 일을 이루어 낸다는 것을 뜻함					
	7획/戈/6	용례: 門前成市(문전성시), 自手成家(자수성가), 成人(성인)					
成 成 成							

省	살필 성 덜 생	적을 소(少)와 눈 목(目). 아주 적은 것까지 자세히 보는 것으로 '살피다'를 뜻함					
	9획/目/6	용례: 自省(자성), 內省(내성, 속으로 반성함), 人事不省(인사불성)					
省 省 省							

消	사라질 소	물 수(水)와 밝을 소(肖). 물이 점점 줄어들어 없어지는 것으로 '사라지다'를 뜻함					
	10획/水/6	용례: 消火(소화), 消失(소실), 消日(소일)					
消 消 消							

速	빠를 속	쉬엄쉬엄 갈 착(辶)과 묶을 속(束). 길을 가는데 시간을 줄여 속히 가는 것으로 '빠르다'를 뜻함					
	11획/辶/6	용례: 速力(속력), 速記(속기), 速度(속도), 時速(시속)					
速 速 速							

동아시아 한자 익히기

孫	손자 손	아들 자(子)와 이를 계(系). 아들이 아버지를 이어 대를 잇는다는 것으로 '손자, 자손'을 뜻함
	10획/子/6	용례: 祖孫(조손), 孫子(손자), 子孫(자손), 後孫(후손), 王孫(왕손)
孫		
孫 孙		

樹	나무 수	나무 목(木)과 세울 주(尌). 손으로 나무를 세운다는 뜻
	16획/木/6	용례: 樹木(수목), 植木(식목), 樹林(수림), 木樹(목수)
樹		
樹 树		

術	재주 술	다닐 행(行)과 삽주 뿌리 출(朮). 삽주 뿌리처럼 여러 갈래의 길이 있고 살아가는 데에는 여러 재주가 필요함
	11획/行/6	용례: 道術(도술), 學術(학술), 話術(화술), 手術(수술)
術		
術 术		

習	익힐 습	날개 우(羽)와 흰 백(白). 어린 새가 날개 밑의 하얀 털을 드러내며 날갯짓을 하므로 '익히다'의 뜻
	11획/羽/6	용례: 自習(자습), 學習(학습), 教習(교습), 世習(세습)
習		
習 习		

| 勝 | 이길 승 | 나 짐(朕)과 힘 력(力). 스스로 참고 힘쓰면 이겨낼 수 있는 것으로 '이기다'를 뜻함 |
| | 12획/力/6 | 용례: 勝者(승자), 全勝(전승), 五勝(오승), 百戰百勝(백전백승) |

| 勝 | | |
| 勝 勝 胜 | | |

| 始 | 비로소 시 | 여자 녀(女)와 기를 이(台). 여자의 배 속에서 자라는 아이는 생명의 시작으로 '처음, 비로소'를 뜻함 |
| | 8획/女/6 | 용례: 始作(시작), 始祖(시조), 始動(시동), 開始(개시) |

| 始 | | |
| 始 始 | | |

| 式 | 법 식 | 장인이 도구를 가지고 일할 때는 일정한 법식을 따라야하는 것에서 비롯함 |
| | 6획/戈/6 | 용례: 形式(형식), 定式(정식), 方式(방식), 入場式(입장식) |

| 式 | | |
| 式 式 | | |

| 神 | 귀신 신 | '신이 보여준다'는 의미로 영묘함을 나타냄 |
| | 10획/示/6 | 용례: 失神(실신), 神通(신통), 神話(신화), 神命(신명) |

| 神 | | |
| 神 神 | | |

동아시아 한자 익히기

身	몸 신	사람이 애를 밴 모양을 본뜬 글자. '몸, 임신하다'의 뜻을 나타냄
	7획/身/6	용례: 身體(신체), 自身(자신), 心身(심신), 全身(전신), 身長(신장)

身		
身		
身		

信	믿을 신	사람 인(人)과 말씀 언(言). 사람이 하는 말에는 믿음이 있어야 한다는 뜻
	9획/人/6	용례: 信用(신용), 通信(통신), 信者(신자), 自身(자신), 電信(전신)

信		
信		
信		

新	새 신	설 립(立)과 나무 목(木), 그리고 도끼 근(斤). 도끼로 나무를 자르니 거기서 새싹이 움트는 것을 뜻함
	13획/斤/6	용례: 新人(신인), 新聞記者(신문기자)

新		
新		
新		

失	잃을 실	손 수(手)와 굽을 을(乙). 손에 쥐고 있던 물건이 떨어져 나가는 모양으로 '잃다'를 뜻함
	5획/大/6	용례: 失手(실수), 失言(실언), 失業(실업)

失		
失		
失		

| 愛 | 사랑 애 | 받을 수(受)와 마음 심(心), 천천히 걸을 쇠(夊).
마음을 주고받으니 떠나는 발걸음이 더뎌지는 사랑을 뜻함 |
| | 13획/心/6 | 용례: 愛國(애국), 愛國歌(애국가), 愛讀(애독) |

愛						
愛						
爱						

| 夜 | 밤 야 | 해가 지면 날이 어두워지며 밤이 찾아온다는 뜻을 나타냄 |
| | 8획/夕/6 | 용례: 夜間(야간), 夜食(야식), 夜學(야학), 晝夜(주야) |

夜						
夜						
夜						

| 野 | 들 야 | 마을 리(里)와 창(矛). 마을 사람들이 제각기 창을 들고 곡식을 지키는 곳.
들을 뜻함 |
| | 11획/里/6 | 용례: 平野(평야), 野生(야생). 野外(야외), 山野(산야), 林野(임야) |

野						
野						
野						

| 弱 | 약할 약 | 새끼 새의 두 날개가 나란히 펼쳐진 모양을 본뜬 글자.
어린 새는 나약하므로 '약하다'를 뜻함 |
| | 10획/弓/6 | 용례: 老弱者(노약자), 弱肉强食(약육강식) |

弱						
弱						
弱						

藥	약 약	병을 고치고 즐거움을 주는 풀뿌리나 잎이 곧 약임을 뜻함
	19획/艸/6	용례: 洋藥(양약), 藥草(약초), 農藥(농약), 醫藥(의약), 藥物(약물)

藥		
藥		
药		

洋	큰바다 양	바다의 물결이 양떼와 같아서 '큰 바다'를 뜻함
	9획/水/6	용례: 海洋(해양), 西洋(서양), 東洋(동양), 大洋(대양), 洋食(양식)

洋		
洋		
洋		

陽	볕 양	언덕 부(阝)와 빛날 (昜). 햇빛을 잘 받는 언덕으로 볕, 양지를 뜻함
	12획/阜/6	용례: 太陽(태양), 陽地(양지), 夕陽(석양)

陽		
陽		
阳		

言	말씀 언	입으로 사람이 말하는 모양을 본뜬 글자
	7획/言/6	용례: 言語(언어), 言行(언행), 金言(금언), 方言(방언)

言		
言		
言		

業	업 업 13획/木/6	풀과 나무 심는 일을 업으로 한다는 뜻
		용례: 作業(작업), 事業(사업), 農業(농업), 業主(업주), 工業(공업)
業 業 业		

永	길 영 5획/水/6	강물이 멀리 여러 곳으로 흘러가는 모양을 본뜬 글자
		용례: 永遠(영원), 永住(영주, 일정한 곳에 오래 삶)
永 永 永		

英	꽃부리 영 9획/艸/6	풀꽃의 가운데를 나타내는 '꽃부리'를 뜻함
		용례: 英特(영특), 英國(영국), 英語(영어), 英才(영재)
英 英 英		

溫	따뜻할 온 13획/水/6	그릇(皿)에 물(氵)을 담아 죄인(囚)에게 건네주니 그 마음이 '따스함'을 뜻함
		용례: 溫水(온수), 溫室(온실), 溫氣(온기), 溫風(온풍), 溫和(온화)
溫 溫 溫		

| 用 | 쓸 용 | 옛날에는 점(卜)을 쳐서 맞으면(中) 반드시 시행하는 것으로 '쓰다'를 뜻함 |
| | 5획/用/6 | 용례: 用語(용어), 登用(등용), 有用(유용), 全用(전용), 通用(통용) |

用						
用						
用						

| 勇 | 날랠 용 | 물이 솟아오르듯 힘을 돋우면 행동이 '날래다, 용감하다'를 뜻함 |
| | 9획/力/6 | 용례: 勇氣(용기), 勇士(용사), 勇猛(용맹) |

勇						
勇						
勇						

| 運 | 운전 운 | 군사(軍)들이 마차를 몰고 나아가는 모양을 본뜬 글자 |
| | 13획/辶/6 | 용례: 運動(운동), 運命(운명), 運動場(운동장), 氣運(기운) |

運						
運						
运						

| 園 | 동산 원 | 열매 맺은 과일나무가 울타리에 에워싸인 동산을 뜻함 |
| | 13획/囗/6 | 용례: 庭園(정원), 花園(화원) |

園						
園						
园						

遠	멀 원 14획/辶/6	옷(衣)을 갖고 쉬엄쉬엄 가야할(辶)정도로 멀다는 뜻
		용례: 遠大(원대), 遠洋(원양)
遠 遠远		

由	말미암을 유 5획/田/6	나뭇가지에 열매가 매달린 모양을 본뜬 것
		용례: 自由(자유), 由來(유래), 事由(사유)
由 由 由		

油	기름 유 8획/水/6	열매에서 짜낸 물(水)이므로 '기름'을·뜻함
		용례: 注油(주유), 石油(석유), 유연(油然)
油 油 油		

銀	은 은 14획/金/6	황금(金)이 되지 못한 한(艮)이 맺힌 금속. 은을 뜻함
		용례: 銀行(은행), 金銀(금은)
銀 銀 銀		

音	소리 음	서서 말하는 사람의 입의 모양을 본뜬 글자					
	9획/音/6	용례: 音樂(음악), 表音(표음, 말의 소리를 그대로 표시함)					
音							
音 音							
音 音							

飮	마실 음	하품하듯(欠), 입을 벌리고 먹는 것으로 '마시다'의 뜻					
	13획/食/6	용례: 飮食(음식), 食飮(식음. 먹고 마심)					
飮							
飮 飮							
飮 饮							

衣	옷 의	저고리 모양을 본뜬 글자					
	6획/衣/6	용례: 衣食(의식), 白衣(백의), 上衣(상의)					
衣							
衣 衣							
衣 衣							

意	뜻 의	소리(音)로 나타내는 마음(心) 속 생각이나 뜻					
	13획/心/6	용례: 同意(동의), 自意(자의), 主意(주의), 意向(의향), 表意(표의)					
意							
意 意							
意 意							

| 醫 | 의원 의 | 다쳐서 신음하는 환자를 치유하는 것으로 병 고치는 의원을 뜻함 |
| | 18획/酉/6 | 용례: 醫術(의술), 名醫(명의), 韓醫(한의), 醫藥分業(의약분업) |

醫					
医					
医					

| 者 | 놈 자 | 노인(老)이 나이 어린 사람에게 낮춰 말하니(曰), '놈'이란 뜻 |
| | 9획/老/6 | 용례: 記者(기자), 長子(장자, 어른), 作者(작자), 老學者(노학자) |

者					
者					
者					

| 作 | 지을 작 | 사람이 쉴 틈없이 무엇을 만드는 모습 |
| | 7획/人/6 | 용례: 作文(작문), 作家(작가), 作心三日(작심삼일), 工作(공작) |

作					
作					
作					

| 昨 | 어제 작 | 하루해가 잠깐 지나가는 사이에 벌써 어제가 되었음을 뜻함 |
| | 9획/日/6 | 용례: 昨年(작년), 昨日(작일, 어제), 昨今(작금, 요사이) |

昨					
昨					
昨					

章	글월 장	형체가 없는 소리를 묶어 종이에 옮겨 놓으니 '글'이라는 뜻
	11획/立/6	용례: 文章(문장), 圖章(도장)

章				
章				
章				

才	재주 재	어린 새싹이지만 무한한 가능성을 지닌 재주를 뜻함
	3획/手/6	용례: 天才(천재), 文才(문재), 人才(인재), 才色(재색)

才				
才				
才				

在	있을 재	새싹이 흙에 뿌리를 박고 있다는 것을 뜻함
	6획/土/6	용례: 現在(현재), 所在(소재), 在野(재야), 在學(재학)

在				
在				
在				

戰	싸움 전	사람들 개개인이 창을 들고 싸우는 것을 뜻함
	16획/戈/6	용례: 戰後(전후), 休戰(휴전), 山戰水戰(산전수전), 戰術(전술)

戰				
戰				
战				

庭	뜰 정	지붕을 이은 조정의 작은 뜰을 가리켰으나 후에 백성의 뜰을 뜻함			
	10획/广/6	용례: 家庭(가정), 親庭(친정), 家庭教育(가정교육), 校庭(교정)			
庭					
庭					
庭					
定	정할 정	집 안의 물건이 바르게 자리잡도록 정한다는 뜻			
	8획/宀/6	용례: 安定(안정), 定數(정수), 定立(정립), 定足數(정족수)			
定					
定					
定					
第	차례 제	대나무와 나뭇가지에 덩굴식물이 아래에서 위로 올라가는 모양			
	11획/竹/6	용례: 天下第一(천하제일), 第三國(제삼국)			
第					
第					
第					
題	제목 제	얼굴에서 넓고 반듯한 이마를 가리키는 것으로 책의 제목을 뜻함			
	18획/頁/6	용례: 話題(화제), 題號(제호, 책자 따위의 제목), 問題(문제)			
題					
題					
題					

朝	아침 조	동쪽에서 해가 떠오르고 배모양 달이 보이니 아침이란 뜻		
	12획/月/6	용례: 朝夕(조석), 朝會(조회), 一朝一夕(일조일석)		
朝				
朝				
朝				

族	겨레 족	한 깃발에 같은 핏줄의 무리가 활을 들고 싸운다는 데서 '겨레'의 뜻		
	11획/方/6	용례: 民族(민족), 家族(가족), 親族(친족), 同族(동족)		
族				
族				
族				

注	물댈 주	횃불을 켜고 논에 '물을 댄다'는 뜻		
	8획/水/6	용례: 注入(주입), 注油所(주유소), 注文(주문)		
注				
注				
注				

晝	낮 주	하루종일 책을 읽으니 '낮'을 뜻함		
	11획/日/6	용례: 晝夜(주야), 晝間(주간), 白晝(백주, 대낮)		
晝				
晝				
晝				

集	모을 집	새(隹)들이 나무(木)에 앉아 있으니 '모이다'란 뜻
	12획/隹/6	용례: 集合(집합), 集中(집중), 集會(집회)

集 集 集

窓	창문 창	구멍을 뚫어 밝은 빛이 들어오므로 창을 뜻함
	11획/穴/6	용례: 窓門(창문), 同窓(동창), 窓口(창구), 同窓會(동창회)

窓 窓 窓

淸	맑을 청	물(水)이, 푸르므로(靑), '맑다'는 뜻
	11획/水/6	용례: 淸算(청산), 淸風(청풍)

淸 淸 淸

體	몸 체	뼈(骨)가 풍성(豊)하여 몸을 이룬다는 뜻
	23획/骨/6	용례: 全體(전체), 體力(체력), 體面(체면), 形體(형체), 體育(체육)

體 体 体

| 親 | 친할 친 | 나무(木)를 심고 세워(立), 보살피듯이(見), 친하게 보살피고 사랑한다는 뜻 |
| | 16획/見/6 | 용례: 先親(선친), 親家(친가), 母親(모친), 父親(부친) |

親		
親		
亲		

| 太 | 클/처음 태 | 큰 대(大) + 큰 대(大) = 클 태(太) |
| | 4획/大/6 | 용례: 太風(태풍), 太白山(태백산), 太祖(태조) |

太		
太		
太		

| 通 | 통할 통 | 길 용(甬)에 갈 착(辶). 이어져 통하게 된다는 뜻 |
| | 11획/辶/6 | 용례: 通話(통화), 共通(공통), 通風(통풍), 通學(통학) |

通		
通		
通		

| 特 | 특별할 특 | 에전에 관청에서 소를 특별한 존재라 여김 |
| | 10획/牛/6 | 용례: 特食(특식), 特出(특출), 特級(특급) |

特		
特		
特		

表	겉 표 8획/衣/6	털(毛)로 만든 옷(衣)를 바깥에 입으니 '겉'이라는 뜻
		용례: 表現(표현), 表面(표면), 發表會(발표회), 圖表(도포)
表		
表		
表		

風	바람 풍 9획/風/6	동굴에서 바람이 나오는 것이 마치 벌레(虫)들의 움직임같다는 뜻
		용례: 東風(동풍), 海風(해풍), 春風(춘풍), 大風(대풍), 風向(풍향)
風		
風		
风		

合	합할 합 6획/口/6	여러 사람(人)의 입(口)에서 나오는 말이 하나이므로 '합하다'를 뜻함
		용례: 合同(합동), 合心(합심), 合成(합성)
合		
合		
合		

行	다닐 행 항렬 항 6획/行/6	사람이 걸어다니는 사거리의 길에서 '다니다'를 뜻함
		용례: 孝行(효행), 行動(행동), 所行(소행), 現行(현행)
行		
行		
行		

幸	다행 행	일찍 죽을 것(夭)을 면해 다행임을 뜻함
	8획/干/6	용례: 幸運(행운), 不幸(불행), 千萬多幸(천만다행)

幸					
幸					
幸					

向	향할 향	집 밖을 향해 나 있는 창문을 본떠서 만든 글자
	6획/口/6	용례: 方向(방향), 向學(향학, 학문에 뜻을 둠), 向上(향상)

向					
向					
向					

現	나타날 현	구슬(玉)을, 잘 닦아 보면(見), 옥빛이 나타난다
	11획/玉/6	용례: 現場(현장), 現金(현금), 出現(출현)

現					
現					
現					

形	모양 형	평평한 면에 그림을 그리는 형상, 모양의 뜻
	7획/彡/6	용례: 形成(형성), 形便(형편), 大形(대형), 成形(성형), 外形(외형)

形					
形					
形					

號	이름/부를 호	범의 울음소리가 마치 부르짖는 것과 같음을 뜻함						
	13획/虍/6	용례: 記號(기호), 號外(호외), 信號(신호)						

號								
号								
号								

和	화할 화	쌀이 입에 들어가면 행복하듯 여러 사람이 사이좋게 지냄을 뜻함						
	8획/口/6	용례: 平和(평화), 和合(화합), 和平(화평), 和色(화색), 和音(화음)						

和								
和								
和								

畫	그림 화 그을 획	붓으로 밭에 획을 그어 경계를 구분짓거나 그림을 그린다는 뜻						
	12획/田/6	용례: 名畫(명화), 畫家(화가), 畫面(화면), 畫室(화실), 劃數(획수)						

畫								
画								
画								

黃	누를 황	황(黃)은 패옥(佩玉)이라고 하는 둥근 장신구를 허리에 두른 모습을 그린 것						
	12획/黃/6	용례: 黃土(황토), 黃色(황색), 黃金(황금), 黃海(황해)						

黃								
黃								
黃								

동아시아 한자 익히기

會	모일 회	이야기할 많은 사람을 불러 모은다는 뜻
	13획/曰/6	용례: 會社(회사), 會議(회의, 뜻을 알아챔, 육서의 하나), 會話(회화)

會						
会						
会						

訓	가르칠 훈	말씀 언(言)과 흐를 천(川)을 합친 글자로 물이 흐르듯 말을 따르게 '가르친다'는 뜻
	10획/言/6	용례: 敎訓(교훈), 校訓(교훈), 訓話(훈화), 訓民(훈민)

訓						
訓						
训						

5급

| 可 | 옳을 가 | 하는 말(口)이 어여쁘니(丁), '옳다'라는 뜻 |
| | 5획/口/5 | 용례: 可決(가결), 許可(허가), 可能(가능), 可望(가망) |

可					
可					
可					

| 加 | 더할 가 | 말하는 데에 힘을 더한다는 뜻 |
| | 5획/力/5 | 용례: 加熱(가열), 加速(가속), 加工(가공), 加算(가산), 加入(가입) |

加					
加					
加					

| 價 | 값 가 | 사람이 장사를 하려면 값을 정해야 한다는 뜻 |
| | 15획/人/5 | 용례: 價格(가격), 物價(물가), 油價(유가), 定價(정가), 高價(고가) |

價					
価					
价					

| 改 | 고칠 개 | 자기 몸(己)를 쳐서(攵), 자신의 잘못을 고침 |
| | 7획/攵/5 | 용례: 改良(개량), 改善(개선), 改正(개정), 改名(개명) |

改					
改					
改					

客	손 객	집에 각각의 사람이 오니, '손님'이라는 뜻
9획/宀/5		용례: 客觀(객관), 客席(객석), 主客(주객), 觀客(관객), 旅客(여객)

客		
客		
客		

去	갈 거	가다, 떠나다
5획/厶/5		용례: 去來(거래), 過去(과거), 去勢(거세)

去		
去		
去		

95

5급

擧	들 거	들다 일으키다
18획/手/5		용례: 擧手(거수), 選擧(선거), 擧行(거행), 擧動(거동)

擧		
挙		
举		

件	물건 건	사람이 소를 끄는 것이니 일
6획/人/5		용례: 物件(물건), 案件(안건), 件數(건수), 事件(사건), 要件(요건)

件		
件		
件		

| 建 | 세울 건 | 곧게 서서 걷는다는 뜻 |
| | 9획/廴/5 | 용례: 建物(건물), 再建(재건), 建國(건국) |

建						
建						
建						

| 健 | 굳셀 건 | 자세를 바로 세우니 건강하다는 뜻 |
| | 11획/人/5 | 용례: 健實(건실), 健兒(건아), 健全(건전), 强健(강건) |

健						
健						
健						

| 格 | 격식 격 | 각각의 나무를 격식에 맞춰 짠다는 뜻 |
| | 10획/木/5 | 용례: 規格(규격), 合格(합격), 格式(격식), 格言(격언), 性格(성격) |

格						
格						
格						

| 見 | 볼 견 | 사람(儿)이 눈(目)으로 하는 일은 보는 것 |
| | 7획/見/5 | 용례: 見聞(견문), 意見(의견), 見物生心(견물생심), 見學(견학) |

見						
見						
见						

決	결단할 결	물(水)을 끊듯(夬), 과감하게 결단한다는 뜻
	7획/水/5	용례: 決定(결정), 對決(대결), 決選(결선), 表決(표결), 決算(결산)

決						
決						
決						

結	맺을 결	실(糸)을 맺는다(吉)는 뜻
	12획/糸/5	용례: 結果(결과), 結局(결국), 結末(결말), 結社(결사), 結束(결속)

結						
結						
結						

景	볕 경	높은 곳에서 비추는 해, 즉 '볕'을 뜻함
	12획/日/5	용례: 景氣(경기), 景致(경치), 風景(풍경), 雪景(설경), 景觀(경관)

景						
景						
景						

輕	가벼울 경	가볍다, 경솔하다
	14획/車/5	용례: 輕重(경중), 輕量(경량), 輕油(경유), 輕工業(경공업)

輕						
輕						
輕						

敬	공경할 경	공경하다, 공손하다
	13획/攵/5	용례: 敬老(경로), 敬禮(경례), 敬老事親(경로사친)

敬					
敬					
敬					

競	다툴 경	두 사람(儿)이 서서(立), 말(口)로 다툰다는 뜻
	20획/立/5	용례: 競爭(경쟁), 競技(경기), 競馬(경마), 競選(경선), 競買(경매)

競					
競					
竞					

考	생각할 고	생각하다, 상고하다
	6획/老/5	용례: 考案(고안), 考古(고고), 思考力(사고력)

考					
考					
考					

告	고할 고	소를 잡아 신에게 바치고 잘 되게 해 달라고 입모아 고한다는 뜻
	7획/口/5	용례: 告白(고백), 廣告(광고), 社告(사고), 告發(고발), 告示(고시)

告					
告					
告					

| 固 | 굳을 고 | 오래된 나라는 기틀이 굳다는 뜻 |
| | 8획/口/5 | 용례: 固定(고정), 固有(고유), 固體(고체) |

固		
固		
固		

| 曲 | 굽을 곡 | 속이 둥글게 되어 있는 바구니의 굽은 모양을 본떠서 만든 글자 |
| | 6획/曰/5 | 용례: 曲直(곡직), 曲線(곡선), 歌曲(가곡), 作曲(작곡) |

曲		
曲		
曲		

| 過 | 지날 과 | 지나다, 들르다, 잘못하다 |
| | 13획/辶/5 | 용례: 過失(과실), 功過(공과), 過言(과언), 不過(불과), 通過(통과) |

過		
過		
过		

| 課 | 공부할/과정 과 | 공부한 과정의 결과(果)를 말(言)로 설명한다는 뜻 |
| | 15획/言/5 | 용례: 課題(과제), 課外(과외), 課長(과장), 公課金(공과금) |

課		
課		
课		

關	관계할 관	관계하다. 빗장, 잠그다			
	19획/門/5	용례: 關心(관심), 關門(관문), 關東八景(관동팔경)			
關 關 关					

觀	볼 관	보다, 드러내다, 경치			
	25획/見/5	용례: 觀光(관광), 主觀(주관), 觀念(관념), 參觀(참관)			
觀 観 观					

廣	넓을 광	넓다, 퍼지다, 너비			
	15획/广/5	용례: 廣場(광장), 廣野(광야), 廣板(광판, 폭이 넓은 나무 판자)			
廣 広 广					

橋	다리 교	개울이나 강 위에 높게 걸린 나무			
	16획/木/5	용례: 陸橋(육교), 鐵橋(철교), 漢江大橋(한강대교)			
橋 橋 桥					

| 具 | 갖출 구 | 돈으로 물건을 사면 모두 갖출 수 있다는 뜻 |
| | 8획/八/5 | 용례: 具體的(구체적), 漁具(어구, 고기잡이에 쓰는 도구) |

| 具 | | |
| 具 具 | | |

| 救 | 구원할 구 | 적을 쳐서 목숨을 구한다는 뜻 |
| | 11획/攵/5 | 용례: 救命(구명), 救急(구급), 救世主(구세주), 救出(구출) |

| 救 | | |
| 救 救 | | |

| 舊 | 예 구 | 옛날, 오래다, 원래 |
| | 18획/臼/5 | 용례: 新舊(신구), 舊屋(구옥), 舊面(구면), 舊式(구식) |

| 舊 | | |
| 旧 旧 | | |

| 局 | 판 국 | 자로 재듯 정확한 말로 법도에 따라 일을 하는 관청의 일부라는 뜻 |
| | 7획/尸/5 | 용례: 藥局(약국), 終局(종국), 局面(국면), 當局(당국), 形局(형국) |

| 局 | | |
| 局 局 | | |

| 貴 | 귀할 귀 | 삼태기(虫)에 패물(貝)이 있으니 귀하다는 뜻 |
| | 12획/貝/5 | 용례: 貴重(귀중), 貴族(귀족), 品貴(품귀), 貴下(귀하) |

貴		
貴		
贵		

| 規 | 법 규 | 주다, 공급하다, 재때에 대다 |
| | 11획/見/5 | 용례: 規則(규칙), 법규(法規), 規定(규정), 規約(규약) |

規		
規		
規		

| 給 | 줄 급 | 실 사(糸)에 합할 합(合). 실을 합해 옷감을 만들어 시장에 준다는 뜻 |
| | 12획/糸/5 | 용례: 自給自足(자급자족), 給食(급식), 發給(발급) |

給		
給		
给		

| 技 | 재주 기 | 재주, 재능, 헤아리다 |
| | 7획/扌/5 | 용례: 奇術(기술), 技士(기사), 特技(특기), 長技(장기), 技能(기능) |

技		
技		
技		

| 己 | 몸 기 | 사람이 몸을 구부리고 있는 모양을 본떠서 만든 한자 |
| | 3획/己/5Ⅱ | 용례: 利己(이기), 自己(자기), 十年知己(십년지기) |

己						
己						
己						

| 基 | 터 기 | 그 기(其)와 흙 토(土). 삼태기 같은 것으로 흙을 날라 다진 터 |
| | 11획/土/5Ⅱ | 용례: 基本(기본), 基地(기지), 基金(기금), 基壇(기단) |

基						
基						
基						

| 期 | 기약할 기 | 그 기(其)와 달 월(月).
달이 주기적으로 지구를 도는 일정한 기간에서 '기약한다'는 뜻 |
| | 12획/月/5 | 용례: 期待(기대), 工期(공기), 無期(무기), 雨期(우기), 前期(전기) |

期						
期						
期						

| 汽 | 물끓는김 기 | 물(氵)의 기운(气)이 이는 것은 물이 끓기 때문이라는 의미의 글자 |
| | 7획/氵/5 | 용례: 汽車(기차), 汽船(기선) |

汽						
汽						
汽						

吉	길할 길	길하다, 운이 좋다, 상서롭다						
	6획/口/5	용례: 吉凶(길흉), 吉日(길일), 吉運(길운). 立春大吉(입춘대길)						
吉								
吉								
吉								

念	생각 념	생각, 짧은 시간, 마음에 두다						
	8획/心/5	용례: 思念(사념), 理念(이념), 天然記念物(천연기념물)						
念								
念								
念								

能	능할 능	능하다, 할 수 있다. 재능이 있다						
	10획/肉/5	용례: 能力(능력), 無能(무능), 才能(재능), 可能性(가능성)						
能								
能								
能								

團	둥글 단	둥글다, 모이다, 모으다						
	14획/口/5	용례: 團束(단속), 財團(재단), 團結(단결), 團體(단체)						
團								
团								
団								

壇	단 단 평탄할 탄 소제할 선	흙 토(土)에 도타울 단(亶). 흙을 도탑게 쌓으니, '단'이라는 뜻
	16획/土/5	용례: 壇上(단상), 畫壇(화단), 敎壇(교단), 登壇(등단)
壇		
壇		
坛		

談	말씀 담	말씀 언(言)과 불꽃 염(炎), 말이 불타오르듯 튀긴, 서로 '이야기하다'라는 뜻
	15획/言/5	용례: 談話(담화), 德談(덕담), 筆談(필담), 相談(상담), 會談(회담)
談		
談		
谈		

當	마땅 당	짝지을 상(尙)과 밭 전(田). 밭의 값이 비슷하여 맞바꾸기에 '마땅하다'라는 뜻
	13획/田/5Ⅱ	용례: 正當(정당), 當落(당락), 當番(당번), 當然(당연)
當		
当		
当		

德	큰/덕 덕	크다, 은혜, 베풀다
	15획/彳/5Ⅱ	용례: 道德(도덕), 德望(덕망), 功德(공덕), 美德(미덕), 福德(복덕)
德		
德		
德		

到	이를 도	이를 지(至)와 칼 도(刀). 옛날에는 칼을 지니고 다녀야 무사히 도착하여, '이르다'라는 뜻
	8획/ 刂/5Ⅱ	용례: 到着(도착), 到來(도래), 先到(선도)

到		
到		
到		

島	섬 도	새 조(鳥)와 뫼 산(山). 사람이 가기 어렵고 새가 갈 수 있는 바다 위의 산, 즉 섬
	10획/山/5	용례: 獨島(독도), 韓半島(한반도)

島		
島		
岛		

都	도읍 도 못 지	놈 자(者)와 고을 읍(邑). 많은 사람들이 사는 고을, 즉 '도회지'라는 뜻
	12획/阝/5	용례: 都市(도시), 首都(수도), 都心(도심), 京都(경도, 서울)

都		
都		
都		

獨	홀로 독	개(犭)와 닭(蜀)은 항상 싸우므로, 따로 떼어 놓으니 '홀로'라는 뜻
	16획/犭/5Ⅱ	용례: 獨立(독립), 獨唱(독창), 獨白(독백), 獨立萬歲(독립만세)

獨		
独		
独		

落	떨어질 락	떨어지다, 빠지다
	13획/艹/5	용례: 落葉(낙엽), 落花(낙화), 落第(낙제), 秋風落葉(추풍낙엽)
落		
落		
落		

朗	밝을 랑	어질 량(良)과 달 월(月). 달이 어질게 비추니, 온 세상이 '밝다'라는 뜻
	11획/月/5Ⅱ	용례: 明朗(명랑), 朗讀(낭독)
朗		
朗		
朗		

冷	찰 랭(냉) 물소리 령(영)	명령(令)이란 무릇 얼음(冫)처럼 차가워야 한다는 데서 만들어진 글자
	7획/冫/5	용례: 寒冷(한랭), 冷溫(냉온), 冷水(냉수), 冷情(냉정)
冷		
冷		
冷		

良	어질 량	키나 채로 쳐서 좋은 곡식을 고른다는 뜻에서 '좋다, 어질다'는 뜻
	7획/艮/5Ⅱ	용례: 良心(양심), 良藥苦口(양약고구), 良民(양민), 良質(양질)
良		
良		
良		

量	수량 량 헤아릴 량 12획/里/5	날 일(日), 한 일(一), 마을 리(里). 하루에 들를 마을을 헤아린다는 뜻
		용례: 質量(질량), 分量(분량), 量産(양산), 熱量(열량)

量						
量						
量						

旅	나그네 려(여) 10획/方/5Ⅱ	깃발(方)에 사람들(民)이 모여 여기저기 다니니 '나그네'라는 뜻
		용례: 旅行(여행), 旅路(여로), 旅費(여비)

旅						
旅						
旅						

歷	지날 력(역) 책력 력(역) 16획/止/5Ⅱ	지내다, 겪다
		용례: 歷史(역사), 學歷(학력), 歷代(역대)

歷						
歷						
历						

練	익힐 련(연) 15획/糸/5Ⅱ	실 사(糸)와 분별할 간(柬). 실을 삶아 불순물을 분별하게 한다는 데서 '익히다'라는 뜻
		용례: 訓練(훈련), 練習(연습), 洗練(세련)

練						
練						
练						

| 令 | 하여금 령(영) | 무릎을 꿇은(卩), 사람(人)들에게 명령한다는 뜻 |
| | 5획/人/5 | 용례: 令弟(영제), 打令(타령), 令夫人(영부인). 發令(발령) |

令							
令							
令							

| 領 | 거느릴 령 | 명령 령(令)에 우두머리 혈(頁). 우두머리가 명령하니 거느린다는 뜻 |
| | 14획/頁/5 | 용례: 領海(영해), 領土(영토), 要領(요령) |

領							
領							
領							

| 勞 | 일할 로 | 수고롭다, 일하다, 공로 |
| | 12획/力/5Ⅱ | 용례: 勞使(노사), 勞動(노동), 勞苦(노고) |

勞							
労							
労							

| 料 | 헤아릴 료(요) | 쌀 미(米)에 말 두(斗). 쌀을 말로 되며 헤아린다는 뜻 |
| | 10획/斗/5 | 용례: 原料(원료), 料金(요금), 無料(무료), 史料(사료), 材料(재료) |

料							
料							
料							

동아시아 한자 익히기

流	흐를 류(유) 10획/氵/5Ⅱ	물 수(水)와 깃발 류(㐬). 물 흐르는 것이 깃발이 아래로 드리워진 것 같다는 데서 '흐르다'는 뜻
		용례: 交流(교류), 流動(유동), 流水(유수), 海流(해류)

流								
流								
流								

類	무리 류 치우칠 뢰 19획/頁/5Ⅱ	무리, 종류, 닮다
		용례: 種類(종류), 人類(인류), 分類(분류), 部類(부류)

類								
類								
类								

陸	뭍 륙(육) 11획/阝/5Ⅱ	뭍, 육지, 언덕
		용례: 着陸(착륙), 陸地(육지), 內陸(내륙)

陸								
陸								
陆								

馬	말 마 10획/馬/5	말의 모양을 본떠 만든 상형 문자
		용례: 鐵馬(철마-기차), 馬耳東風(마이동풍), 馬車(마차)

馬								
馬								
马								

| 末 | 끝 말 | 나무(木), 끝에 걸린 가지(一)를 본떠서 만든 글자 |
| | 5획/木/5 | 용례: 終末(종말), 週末(주말), 末年(말년) |

末						
末						
末						

| 亡 | 망할 망
없을 무 | 사람이 그늘에 숨어 있는 모습을 본떠 만든 글자 |
| | 3획/亠/5 | 亡國(망국), 亡命(망명), 敗家亡身(패가망신) |

亡						
亡						
亡						

| 望 | 바랄 망 | 없어진(亡), 달(月)을 높은 곳에 서서(壬), 기다린다는 데서 '바라다'라는 뜻 |
| | 11획/月/5Ⅱ | 용례: 野望(야망), 宿望(숙망), 展望(전망), 熱望(열망) |

望						
望						
望						

| 買 | 살 매 | 사다, 자초하다 |
| | 12획/貝/5 | 용례: 賣買(매매), 買入(매입), 賣切(매절) |

買						
買						
買						

賣	팔 매	팔다, 넓히다					
	15획/貝/5	용례: 賣場(매장), 賣店(매점), 賣出(매출), 發賣(발매)					
賣							
売							
卖							

無	없을 무	없다, 아니다					
	12획/灬/5	용례: 有無(유무), 有口無言(유구무언), 無病(무병), 無心(무심)					
無							
無							
无							

倍	갑절 배 등질 패	사람 인(亻), 기를 배(咅). 사람이 물건을 가르면 그 수가 두 배로 된다는 데에서 '곱'이라는 뜻					
	10획/亻/5	용례: 倍加(배가), 倍數(배수)					
倍							
倍							
倍							

法	법 법	물 수(氵)와 갈거(去). 물 흐르듯 순리대로 처리한다하여 '법'이란 뜻					
	8획/氵/5Ⅱ	용례: 法式(법식), 方法(방법), 合法(합법), 公法(공법), 便法(편법)					
法							
法							
法							

變	변할 변	변하다, 바뀌다, 고치다
	23획/言/5Ⅱ	용례: 變化(변화), 變質(변질), 變色(변색), 變數(변수)

變		
変		
変		

兵	병사 병	도끼(斤)를 양손에 잡은 모양(八)으로 '병사'를 뜻함
	7획/八/5Ⅱ	용례: 兵卒(병졸), 兵力(병력), 兵士(병사), 新兵(신병)

兵		
兵		
兵		

福	복 복 간직할 부	보일 시(示)와 찰 복(畐). 가득 차게 음식을 차려놓고 신에게 보여 제사 지내니 '복' 있다는 뜻
	13획/示/5Ⅱ	용례: 幸福(행복), 祝福(축복), 多福(다복), 飮福(음복)

福		
福		
福		

奉	받들 봉	두 손(廾)으로 물건을 떠받들고 있는 모습을 본떠서 만든 글자
	8획/大/5Ⅱ	용례: 奉仕(봉사), 奉養(봉양), 奉唱(봉창)

奉		
奉		
奉		

比	견줄 비	두 사람이 나란히 서 있는 모습을 본뜬 글자로 비교한다는 뜻
	4획/比/5	용례: 對比(대비), 比例(비례), 比重(비중)

比						
比						
比						

費	쓸 비	버릴 불(弗)과 조개 패(貝). '재물을 버린다'에서 '돈을 쓰다'란 뜻이 된 글자
	12획/貝/5	용례: 消費(소비), 費用(비용), 食費(식비), 車費(차비)

費						
費						
費						

鼻	코 비	자신(自)을 남에게 가리킬 때 '코'에다 손을 대어 표시한다는 뜻
	14획/鼻/5	용례: 鼻祖(비조), 鼻音(비음)

鼻						
鼻						
鼻						

氷	얼음 빙 엉길 응	얼음 빙(冫)에 물 수(水). 물이 얼었음을 뜻함
	5획/水/5	용례: 氷炭(빙탄), 氷河(빙하), 氷山(빙산), 氷雪(빙설)

氷						
氷						
氷						

士	선비 사	한 일(一)에 열십(十), 하나를 배우면 열을 깨우치는 사람, 득 '선비'
	3획/士/5Ⅱ	용례: 士氣(사기), 士農工商(사농공상), 力士(역사), 人士(인사)

士		
士		
士		

仕	섬길 사 벼슬 사	선비(士)는 많은 것을 깨우친 사람(亻)이니, 벼슬을 하여 임금과 백성을 섬긴다는 뜻
	5획/亻/5Ⅱ	용례: 奉仕活動(봉사활동), 仕路(사로)

仕		
仕		
仕		

史	사기 사	올바르게 중(中)립을 지키며 손(又)으로 역사를 기록하는 일
	5획/口/5Ⅱ	용례: 國史(국사), 史記(사기), 人類史(인류사)

史		
史		
史		

査	조사할 사	나무 목(木)에 또 차(且). 나무를 엮어 길을 막고 지나는 사람을 조사한다는 뜻
	9획/木/5	용례: 調査(조사), 實査(실사), 考査(고사)

査		
査		
査		

思	생각 사	밭 전(田)과 마음 심(心). 옛날 사람들의 마음은 밭의 농작물을 걱정하고 생각한다는 뜻
	9획/心/5	용례: 思考(사고), 意思(의사), 心思(심사)

思						
思						
思						

寫	베낄 사	베끼다, 본뜨다, 배우다
	15획/宀/5	용례: 手寫(수사), 筆寫本(필사본)

寫						
写						
写						

産	낳을 산	선비 언(彦)과 날 생(生). 선비가 될 아이를 낳는다는 뜻
	11획/生/5Ⅱ	용례: 生産(생산), 産業(산업), 出産(출산), 家産(가산), 水産(수산)

産						
産						
产						

相	서로 상 정승 상	나무 목(木)에 눈 목(目). 나무에 올라 서로 본다는 데에서 '서로, 보다'라는 뜻
	9획/目/5Ⅱ	용례: 相對(상대), 相爭(상쟁), 相通(상통)

相						
相						
相						

商	장사 상	밝힐 장(章)에 빛날 경(冏). 명백하게 밝혀서 헤아리는 것으로 '장사'를 뜻함
	11획/口/5Ⅱ	용례: 商店(상점), 商品(상품), 商船(상선), 商業(상업)

商							
商							
商							

賞	상줄 상	가상할 상(尙)과 조개 패(貝). 가상한 일을 하여 재물을 주니 '상주다'라는 뜻
	15획/貝/5	용례: 賞品(상품), 大賞(대상), 賞金(상금)

賞							
賞							
賞							

序	차례 서	집 엄(广)과 취할 여(予). 집 안의 방도 차례로 들어간다는 뜻
	7획/广/5	용례: 順序(순서), 有序(유서)

序							
序							
序							

仙	신선 선	산(山)에, 사는 신령한 사람(人)이라는 뜻
	5획/亻/5Ⅱ	용례: 仙女(선녀), 神仙(신선)

仙							
仙							
仙							

船	배 선	배 주(舟)에 늪 연(㕣). 짐을 싣고 늪이나 강을 건너는 배
	11획/舟/5	용례: 漁船(어선), 戰船(전선), 同船(동선), 船長(선장)

船					
船	船				

善	착할 선	착하다, 좋다, 후하다
	12획/口/5	용례: 善惡(선악), 善意(선의), 善行(선행), 最善(최선), 善心(선심)

善					
善	善				

選	가릴 선	가리다, 뽑다
	15획/辶/5	용례: 選定(선정), 選出(선출), 再選(재선), 選別(선별)

選					
選	选				

鮮	고울 선	고기 어(魚)와 양 양(羊). 제단에 바쳐진 생선과 양은 신선한 것으로 '깨끗하다, 곱다'라는 뜻
	17획/魚/5Ⅱ	용례: 朝鮮(조선), 鮮明(선명), 新鮮(신선), 鮮血(선혈)

鮮					
鮮	鮮				

說	말씀 설 달랠 세 14획/言/5Ⅱ	말씀 언(言)과 기쁠 태(兌). 기쁜 말이니, '말씀'이란 뜻
		용례: 說明(설명), 說話(설화), 小說(소설), 說敎(설교)

說		
説		
说		

性	성품 성 8획/忄/5Ⅱ	마음 심(心)에 날 생(生). 날 때부터 가지고 태어난 마음 즉, 성품
		용례: 理性(이성), 感性(감성), 人性(인성), 天性(천성), 特性(특성)

性		
性		
性		

洗	씻을 세 9획/氵/5Ⅱ	물 수(氵)와 먼저 선(先). 물로 가장 먼저 하는 일은 '씻는 일'이라는 뜻
		용례: 洗手(세수), 洗面(세면), 洗車(세차)

洗		
洗		
洗		

歲	해 세 13획/止/5Ⅱ	해, 나이, 세월
		용례: 年歲(연세), 萬歲(만세), 歲月(세월), 歲出(세출), 歲費(세비)

歲		
歲		
岁		

束	묶을 속	나무 목(木)과 입 구(口). 나무를 둘러서 묶는다는 뜻
	7획/木/5Ⅱ	용례: 約束(약속), 束手(속수), 結束(결속)

束					
束					
束					

首	머리 수	머리, 첫머리, 우두머리
	9획/首/5Ⅱ	용례: 首席(수석), 首相(수상), 國家元首(국가원수)

首					
首					
首					

宿	잘 숙 별자리 수	집(宀)에 사람(人), 백(百)명, 즉 많은 사람이 자는 곳이라는 뜻
	11획/宀/5Ⅱ	용례: 宿題(숙제), 宿食(숙식), 宿所(숙소), 合宿(합숙)

宿					
宿					
宿					

順	순할 순	내 천(川)과 머리 혈(頁). 물 흐르듯 순리를 따른다는 뜻
	12획/頁/5Ⅱ	용례: 順行(순행), 順理(순리), 順番(순번), 順位(순위)

順					
順					
順					

示	보일 시	산에 보이기 위해 제물을 차려 놓은 제단을 본떠서 만든 한자
	5획/示/5	용례: 展示(전시), 表示(표시), 訓示(훈시)

示					
示					
示					

識	알 식 기록할 지	말(言)과 소리(音)를 알 수 있도록 창칼(戈)로 기록한다는 뜻
	19획/言/5Ⅱ	용례: 知識(지식), 意識(의식), 識別(식별), 學識(학식)

識					
識					
识					

臣	신하 신	임금님 앞에서 공손히 엎드려 있는 신하의 모습을 본떠 만든 글자
	6획/臣/5Ⅱ	용례: 家臣(가신), 臣下(신하), 功臣(공신), 使臣(사신)

臣					
臣					
臣					

實	열매 실	열매, 결실하다
	14획/宀/5Ⅱ	용례: 果實(과실), 現實(현실), 事實(사실), 實感(실감), 實力(실력)

實					
実					
実					

| 兒 | 아이 아 | 갓난 아기의 정수리(臼)와 사람(儿)으로, 머리만 커보이는 아기를 뜻함 |
| | 8획/儿/5Ⅱ | 용례: 兒童(아동), 男兒(남아), 育兒(육아) |

兒						
児						
儿						

| 惡 | 악할 악
미워할 오 | 악하다, 바쁘다, 미워하다 |
| | 12획/心/5Ⅱ | 용례: 惡材(악재), 罪惡(죄악), 害惡(해악), 惡用(악용), 惡寒(오한) |

惡						
悪						
恶						

| 案 | 책상 안
상고할 안 | 편안하게(安), 공부할 수 있게 나무(木)로 만든 물건, 즉 '책상'이란 뜻 |
| | 10획/木/5 | 용례: 方案(방안), 案內(안내), 圖案(도안), 代案(대안), 草案(초안) |

案						
案						
案						

| 約 | 맺을 약 | 실 사(糸)에 작을 작(勺). 실로 작은 매듭을 맺어 약속한다는 뜻 |
| | 9획/糸/5Ⅱ | 용례: 節約(절약), 要約(요약) |

約						
約						
约						

養	기를 양	양 양(羊)과 먹을 식(食). 양에게 먹이를 주어 기른다는 뜻
	14획/食/5Ⅱ	용례: 養魚(양어), 敎養(교양), 養育(양육), 養老院(양로원)

養							
養							
养							

魚	고기 어	물고기의 머리, 배, 꼬리 모양을 본떠서 만든 글자
	11획/魚/5	용례: 語族(어족), 魚類(어류)

魚							
魚							
鱼							

漁	고기잡을 어	물고기(魚)가 있는 물(氵)에서 고기를 잡는다는 뜻
	14획/氵/5	용례: 漁夫(어부), 漁父(어부), 漁業(어업)

漁							
漁							
漁							

億	억 억	사람 인(亻)에 뜻 의(意). 사람이 생각할 수 있는 큰 수라는 뜻
	15획/亻/5	용례: 億萬長者(억만장자)

億							
億							
亿							

熱	더울 열	형세 세(勢)에 불화(灬). 불의 형세는 뜨겁다는 뜻
	15획/灬/5	용례: 熱氣(열기), 熱意(열의), 熱情(열정), 熱火(열화), 身熱(신열)

熱						
熱						
热						

葉	잎 엽	풀 초(艹)에 모진나무 엽(枼). 나뭇가지 잎사귀가 무성함을 나타냄
	13획/艹/5	용례: 葉書(엽서), 落葉(낙엽)

葉						
葉						
叶						

屋	집 옥	몸 시(尸)에 이를 지(至). 사람의 몸이 이르러 머무는 곳, 즉 '집'
	9획/尸/5	용례: 家屋(가옥), 屋上(옥상), 屋外(옥외), 社屋(사옥), 韓屋(한옥)

屋						
屋						
屋						

完	완전할 완	집 면(宀)에 으뜸 원(元). 집을 가장 잘 짓는다는 뜻에서 완전하다
	7획/宀/5	용례: 完工(완공), 完城(완성), 完全(완전), 完結(완결)

完						
完						
完						

| 要 | 구할 요
요긴할 요 | 여자가 두 손으로 허리를 잡고 있는 모양을 본떠서 만든 글자 |
| | 9획/襾/5Ⅱ | 용례: 重要(중요), 料理(중요), 要望(요망), 要式(요식), 要因(요인) |

要						
要						
要						

| 曜 | 빛날 요 | 날 일(日)과 꿩 적(翟). 꿩이 햇빛을 받아 빛난다는 뜻 |
| | 18획/日/5 | 용례: 曜日(요일) |

曜						
曜						
曜						

| 浴 | 목욕할 욕 | 물 수(氵)와 계곡 곡(谷). 계곡 물로 목욕한다는 뜻 |
| | 10획/氵/5 | 용례: 浴室(욕실), 海水浴(해수욕) |

浴						
浴						
浴						

| 友 | 벗 우 | 왼손과 오른손을 서로 맞잡은 사이이니, 친한 벗을 뜻함 |
| | 4획/又/5Ⅱ | 용례: 友軍(우군), 友情(우정), 北窓三友(북창삼우), 友愛(우애) |

友						
友						
友						

牛	소 우	정면에서 본 소의 머리 모양을 본떠서 만든 글자							
	4획/牛/5	용례: 黃牛(황우), 牛角(우각), 牛骨(우골), 牛黃(우황)							
牛									
牛									
牛									

雨	비 우	하늘에서 비가 내리는 모양을 본떠서 만든 글자							
	8획/雨/5Ⅱ	용례: 雨水(우수-이십사절기의 하나), 雨衣(우의), 風雨(풍우)							
雨									
雨									
雨									

雲	구름 운	비 우(雨)에 이를 운(云). 비가 오는 것을 일러 주는 것은 구름이라는 뜻							
	12획/雨/5Ⅱ	용례: 雲集(운집), 雲海(운해)							
雲									
雲									
云									

雄	수컷 웅	팔꿈치 광(厷)에 새 추(隹). 날개가 넓은 새가 수컷이라는 뜻							
	12획/隹/5	용례: 英雄(영웅), 雄飛(웅비), 雄大(웅대)							
雄									
雄									
雄									

元	으뜸 원	위 상(二·上)에 어진사람 인(儿). 사람의 가장 위는 머리이고, 머리는 '근원, 으뜸'이라는 뜻
	4획/儿/5Ⅱ	용례: 元老(원로), 元祖(원조), 身元(신원)

元						
元						
元						

院	집 원 관청 원	언덕 부(阝)와 완전할 완(完). 언덕으로 완전하게 담을 쌓은 집이라는 뜻
	10획/阝/5	용례: 病院(병원), 醫院(의원), 法院(법원), 院長(원장)

院						
院						
院						

原	언덕 원	언덕 엄(厂)에 샘 천(泉). 언덕에서 솟아나는 샘을 '근원'이라는 뜻
	10획/厂/5	용례: 原因(원인), 原始(원시), 原紙(원지), 原理(원리), 原油(원유)

原						
原						
原						

願	원할 원	언덕·근원 원(原)과 머리 혈(頁). 머리로는 항상 근원을 소원해야 한다는 뜻
	19획/頁/5	용례: 所願(소원), 願書(원서), 願望(원망), 念願(염원)

願						
願						
願						

| 位 | 자리 위 | 사람 인(亻)에 설 립(立). 사람이 서 있는 곳, 즉 '자리'를 뜻한다 |
| | 7획/亻 /5 | 용례: 方位(방위), 高位(고위), 位相(위상), 地位(지위) |

位					
位					
位					

| 偉 | 거룩할 위
클 위 | 사람 인(亻)과 어긋날 위(韋).
좋은 의미에서 보통 사람과 어긋나 다르므로 '뛰어나다'는 뜻 |
| | 11획/亻 /5Ⅱ | 용례: 偉大(위대), 偉人(위인), 偉業(위업) |

偉					
偉					
伟					

| 以 | 써 이 | 쟁기 모양과 사람 인(人). 사람이 쟁기를 써서 일을 한다는 뜻 |
| | 5획/人/5Ⅱ | 용례: 以心傳心(이심전심), 所以(소이), 以上(이상), 所以然(소이연) |

以					
以					
以					

| 耳 | 귀 이 | 사람의 귀 모양을 본떠서 만든 글자 |
| | 6획/耳/5 | 용례: 耳目口鼻(이목구비), 耳順(이순-나이 60세를 이르는 말) |

耳					
耳					
耳					

因	인할 인	인하다, 이어받다
	6획/口/5	용례: 因果(인과), 敗因(패인), 因襲(인습)

因		
因		
因		

任	맡길 임	사람 인(人)에게 짊어질 임(壬). 사람에게 짊어지게 하여 맡긴다는 뜻
	6획/亻/5Ⅱ	용례: 信任(신임), 重任(중임), 任期(임기), 任用(임용)

任		
任		
任		

材	재목 재	나무 목(木)과 바탕 재(才). 집을 짓는 데 바탕이 되는 나무, 즉 재목
	7획/木/5Ⅱ	용례: 門材(문재), 材木(재목), 藥材(약재), 題材(제재)

材		
材		
材		

財	재물 재	조개 패(貝)와 바탕 재(才). 사람이 살아가는 데 바탕이 되는 재물
	10획/貝/5Ⅱ	용례: 財産(재산), 財物(재물), 財界(재계), 財力(재력), 財數(재수)

財		
財		
財		

再	두 재 다시 재	한 일(一)에 쌓을 구. 쌓아 놓은 재목 위에 거듭 쌓는다 하여 '두 번, 거듭'을 뜻함
	6획/冂/5	용례: 再唱(재창), 再昨年(재작년), 再考(재고), 再生(재생)

再						
再						
再						

災	재앙 재	내 천(巛)과 불 화(火). 물이나 불로 큰 재앙이 일어난다는 뜻
	7획/火/5	용례: 火災(화재), 災害(재해), 産災(산재), 天災(천재), 水災(수재)

災						
災						
灾						

爭	다툴 쟁	다투다, 겨루다, 소송하다
	8획/爪/5	용례: 戰爭(전쟁)

爭						
争						
争						

貯	쌓을 저	조개 패(貝)와 멈출 저(宁). 재물이 나가지 않고 멈춰 있도록 하니 쌓인다는 뜻
	12획/貝/5	용례: 貯金(저금), 貯炭(저탄)

貯						
貯						
貯						

赤	붉을 적	큰 대(大)와 불 화(火)가 어우러져 생긴 글자. 활활 타는 큰 불은 붉다			
	7획/赤/5	용례: 赤色(적색), 赤字(적자), 赤道(적도)			
赤					
赤					
赤					

的	과녁 적	흰 백(白)에 작은 작(勺). 흰 종이에 작은 점을 찍은 과녁을 뜻함			
	8획/白/5Ⅱ	용례: 目的(목적), 感情的(감정적), 物質的(물질적)			
的					
的					
的					

典	법 전 책 전	책(冊)을 양 손(八)으로 받들고 있는 모양으로, 귀중한 책, 즉 '법전'			
	8획/八/5Ⅱ	용례: 法典(법전), 古典(고전), 事典(사전)			
典					
典					
典					

展	펼 전	몸 시(尸)와 의복(衣). 몸에 걸쳤던 옷의 주름을 편다는 뜻			
	10획/尸/5Ⅱ	용례: 發展(발전), 展開(전개)			
展					
展					
展					

131

5급

傳	전할 전	전하다, 전하여지다
	13획/亻/5Ⅱ	용례: 傳說(전설), 傳記(전기), 口傳(구전), 父傳子傳(부전자전)

傳		
伝		
传		

切	끊을 절 온통 체	일곱 칠(七)에 칼 도(刀). 칼로 여러 개로 나눈다는 데서 '끊다'라는 뜻
	4획/刀/5Ⅱ	용례: 一切(일체), 切上(절상), 親切(친절), 切望(절망)

切		
切		
切		

節	마디 절	대나무 죽(竹)에 곧 즉(卽). 대나무가 자라며 마디를 만든다는 뜻
	15획/竹/5	용례: 節電(절전), 名節(명절), 開天節(개천절), 節氣(절기)

節		
節		
节		

店	가게 점	집 엄(广)과 차지할 점(占). 집 안을 가득 차지할 정도로 물건을 놓고 파는 곳, 즉 가게
	8획/广/5Ⅱ	용례: 書店(서점), 本店(본점), 店主(점주)

店		
店		
店		

| 停 | 머무를 정 | 사람 인(人)에 정자 정(亭). 사람이 정자에 들어 머물다간다는 뜻 |
| | 11획/亻/5 | 용례: 停止(정지), 停年(정년), 停電(정전), 調停(조정) |

停			
停	停		
停	停		

| 情 | 뜻 정 | 마음 심(心)과 푸를 청(靑). 마음이 푸르니 그 뜻이 정겹다는 뜻 |
| | 11획/忄/5Ⅱ | 용례: 感情(감정), 溫情(온정), 民情(민정), 事情(사정), 愛情(애정) |

情			
情	情		
情	情		

| 調 | 고를 조 | 말씀 언(言)과 두루 주(周). 말이 두루 퍼지니, '알맞다, 고르다'의 뜻 |
| | 15획/言/5Ⅱ | 용례: 調和(조화), 强調(강조), 時調(시조), 調節(조절) |

調			
調	調		
調	調		

| 操 | 잡을 조 | 손 수(扌)와 떼지어 울 소(喿). 떼지어 우는 새를 손으로 잡는다는 뜻 |
| | 16획/扌/5 | 용례: 體操(체조), 操業(조업), 操作(조작) |

操			
操	操		
操	操		

卒	마칠 졸 군사 졸	마치다, 병졸
	8획/十/5Ⅱ	용례: 卒業(졸업), 卒兵(졸병)

卒					
卒					
卒					

終	마칠 종	마치다, 끝나다
	11획/糸/5	용례: 始終(시종), 終身(종신), 最終(최종), 終結(종결)

終					
終					
终					

種	씨 종	벼 화(禾)에 무거울 중(重). 좋은 씨앗은 무거워야한다는 데서 만들어진 글자
	14획/禾/5Ⅱ	용례: 種子(종자), 品種(품종), 種別(종별), 種族(종족)

種					
種					
种					

罪	허물 죄	그물 망(罒)과 그를 비(非). 그물에 걸린 그릇된 행위, 즉 '죄'를 뜻함
	13획/罒/5	용례: 重罪(중죄), 無罪(무죄), 有罪(유죄), 罪人(죄인)

罪					
罪					
罪					

| 州 | 고을 주 | 내 천(川), 사이에 점을 찍어 사람들은 물 근처에 몰려 살았으므로, 고을이라는 뜻 |
| | 6획/川/5Ⅱ | 용례: 光州(광주), 全州(전주), 淸州(청주) |

州						
州						
州						

| 週 | 주일 주
돌 주 | 두루 주(周)에 쉬엄쉬엄 갈 착(辶).
쉬엄쉬엄 두루 돌면 한 주일이 걸린다는 뜻 |
| | 11획/辶/5Ⅱ | 용례: 每週(매주), 週間(주간), 前週(전주), 來週(내주) |

週						
週						
周						

| 止 | 그칠 지 | 사람이 멈춰 서 있는 발의 모양을 본떠서 만든 글자 |
| | 4획/止/5 | 용례: 中止(중지) |

止						
止						
止						

| 知 | 알 지 | 알다, 알리다, 깨닫다 |
| | 8획/矢/5Ⅱ | 용례: 聞一知十(문일지십), 無知(무지), 安分知足(안분지족) |

知						
知						
知						

동아시아 한자 익히기

質 바탕 질 15획/貝/5Ⅱ	모탕 은(斦)에 조개 패(貝). 재물은 생활의 바탕이 된다는 뜻
	용례: 性質(성질), 質問(질문), 質責(질책), 物質(물질), 才質(재질)

質
質
质

着 붙을 착 12획/目/5	붙다, 붙이다, 입다, 신다
	용례: 着發(착발), 着手(착수), 着地(착지), 定着(정착)

着
着
着

參 참여할 참 석 삼 11획/厶/5Ⅱ	참여하다, 셋, 삼
	용례: 參加(참가)

參
參
參

唱 부를 창 11획/口/5	입 구(口)와 창성할 창(昌). 입으로 우렁차게 노래부른다는 뜻
	용례: 唱歌(창가), 唱法(창법), 愛唱(애창)

唱
唱
唱

| 責 | 꾸짖을 책 | 가시 자(朿)에 조개 패(貝).빌려간 돈을 갚으라고 가시로 찌르듯 꾸짖는다는 뜻 |
| | 11획/貝/5 | 용례: 責任(책임), 問責(문책), 責望(책망), 罪責感(죄책감) |

責						
責						
責						

| 鐵 | 쇠 철 | 쇠 금(金)에 날카로울 철(戴). 날카로운 물건을 만들 수 있는 '쇠' |
| | 21획/金/5 | 용례: 鐵路(철로), 鐵板(철판), 鐵窓(철창) |

鐵						
鉄						
铁						

| 初 | 처음 초 | 옷 의(衣)에 칼 도(刀). 옷을 만들 때는 칼로 재단하는 일이 '처음'이다 |
| | 7획/刀/5 | 용례: 最初(최초), 始初(시초), 初等(초등), 今始初聞(금시초문) |

初						
初						
初						

| 最 | 가장 최 | 가로 왈(曰)과 취할 취(取). 말은 취하는 것이 가장 좋다는 뜻 |
| | 12획/曰/5 | 용례: 最古(최고), 最小(최소), 最近(최근), 最大(최대) |

最						
最						
最						

| 祝 | 빌 축 | 귀신 시(示)와 입 구(口), 사람 인(儿).
 사람이 입으로 신에게 아뢰니 , '빌다'라는 뜻 |
| | 9획/示 /5 | 용례: 祝歌(축가), 祝電(축전) |

祝						
祝						
祝						

| 充 | 채울 충 | 기를 육(育), 사람 인(儿). 사람이 길러져 커지면 가득찬다는 뜻 |
| | 6획/儿/5Ⅱ | 용례: 充分(충분), 充電(충전), 充實(충실), 充足(충족) |

充						
充						
充						

| 致 | 이를 치 | 이를 지(至)에 뒤쳐져올 지(夂)가 결합. 천천히 걸어 도달한다는 뜻 |
| | 10획/至/5 | 용례: 言行一致(언행일치), 致命(치명), 過失致死(과실치사) |

致						
致						
致						

| 則 | 법칙 칙
 곧 즉 | 조개 패(貝)에 칼 도(刀). 재물을 나누는 데에도 법칙이 있다는 뜻 |
| | 9획/刂/5 | 용례: 法則(법칙), 鐵則(철칙), 學則(학칙) |

則						
則						
則						

| 他 | 다를 타 | 다르다 |
| | 5획/亻/5 | 용례: 自他(자타), 他意(타의), 他界(타계), 他國(타국), 利他(이타) |

他
他
他

| 打 | 칠 타 | 손 수(扌)에 못 정(丁). 손에 망치를 들고 못을 친다는 뜻 |
| | 5획/扌/5 | 용례: 打球(타구), 安打(안타), 打席(타석), 打者(타자) |

打
打
打

| 卓 | 높을 탁 | 윗 상(上)과 날 일(日), 열 십(十).
하늘 위에 뜬 해를 많은 사람이 우러르니 높고 뛰어나다 |
| | 8획/十/5 | 용례: 卓球(탁구), 卓見(탁견), 食卓(식탁) |

卓
卓
卓

| 炭 | 숯 탄 | 뫼 산(山)과 언덕 엄(厂), 불 화(火).
산과 언덕에서 불을 지필 수 있는 자원이나 숯, 석탄 |
| | 9획/火/5 | 용례: 石炭(석탄), 炭水化物(탄수화물) |

炭
炭
炭

宅	집 택 집 댁 6획/宀/5Ⅱ	갓머리(宀)와 부탁할 탁(乇). 사람이 의지하고 사는 집						
宅								
宅								
宅								

용례: 住宅(주택), 自宅(자택), 舍宅(사택)

板	널 판 8획/木/5	나무 목(木)에 뒤집을 반(反). 나무를 켜고 뒤집어 널빤지로 만듦						
板								
板								
板								

용례: 板紙(판지), 黑板(흑판)

敗	패할 패 11획/攵/5	조개 패(貝)에 칠 복(攵). 조개를 쳐서 깨뜨리니 '깨지다, 지다'라는 뜻						
敗								
敗								
敗								

용례: 敗北(패배), 失敗(실패), 成敗(성패), 敗家亡身(패가망신)

品	물건 품 9획/口/5Ⅱ	입 구(口), 셋이 합쳐진 글자로, 여러 사람이 물건을 품평한다는 뜻						
品								
品								
品								

용례: 品性(품성), 品質(품질), 物品(물품), 食品(식품), 作品(작품)

必	반드시 필	마음(心)이 하나(一)이니, 반드시 이룬다는 뜻							
	5획/心/5Ⅱ	용례: 必要(필요), 必讀(필독), 必勝(필승), 必然(필연)							
必									
必									
必									
筆	붓 필	대 죽(竹)에 붓 률(聿). 대나무로 붓과 붓통을 만든 데서 유래한 글자							
	12획/竹/5Ⅱ	용례: 筆記(필기), 筆法(필법), 筆者(필자), 自筆(자필)							
筆									
筆									
笔									
河	물 하	중국의 황하강을 뜻하며, 굽이쳐 흐르는 큰 물을 가리킴							
	8획/氵/5	용례: 河川(하천), 百年河淸(백년하청), 運河(운하), 黃河(황하)							
河									
河									
河									
寒	찰 한	터질 하에 얼음 빙(冫). 터진 집에 얼음이 있으니 차갑고 춥다는 뜻							
	12획/宀/5	용례: 寒害(한해), 寒氣(한기)							
寒									
寒									
寒									

害	해할 해	해치다, 방해하다
	10획/宀/5Ⅱ	용례: 利害(이해), 水害(수해), 加害(가해), 有害(유해)

害						
害						
害						

許	허락할 허	말씀 언(言)과 공이 저(午). 떡을 칠 때, 떡메를 내리쳐도 된다고 허락할 때 내는 소리
	11획/言/5	용례: 許多(허다), 特許(특허)

許						
許						
許						

湖	호수 호	물 수(氵)에 멀 호(胡). 물이 멀리까지 가득 차 있으니 '호수'라는 뜻
	12획/氵/5	용례: 湖水(호수), 湖南平野(호남평야)

湖						
湖						
湖						

化	될 화	변하다, 되다
	4획/匕/5	용례: 文化(문화), 强化(강화), 消化(소화), 同化(동화)

化						
化						
化						

患	근심 환	꼬챙이 곶(串)에 마음 심(心). 마음이 꼬챙이에 찔리듯 아프다는 뜻
	11획/心/5	용례: 患者(환자), 病患(병환), 無患(무환), 老患(노환)

患							
患							
患							

效	본받을 효	본받다, 드리다, 보내다
	10획/攵/5Ⅱ	용례: 效果(효과), 效用(효용), 特效(특효), 效能(특효)

效							
效							
效							

凶	흉할 흉	입 벌릴 감(凵)자와 다섯 오(乂). 구덩이에 빠진 사람이나 짐승이 흉한 일을 당했다는 의미에서 '흉하다'나 '운수가 나쁘다'라는 뜻
	4획/凵/5Ⅱ	용례: 凶年(흉년), 凶計(흉계), 凶家(흉가), 凶作(흉작)

凶							
凶							
凶							

黑	검을 흑	구멍에 흙 토(土), 불화발(灬). 불 연기가 구멍으로 가면 흙이 검게 그을른다는 뜻
	12획/黑/5	용례: 黑白(흑백), 黑炭(흑탄), 黑字(흑자), 黑色(흑색)

黑							
黑							
黑							

4급

4급Ⅱ포함

街	거리 가	거리, 한길, 네거리
12획/行/4Ⅱ		용례: 街路 (가로), 商街(상가), 街道(가도), 街路樹(가로수)

街						
街	街					
街	街					

假	거짓 가	거짓, 빌리다, 잠시
11획/亻/4Ⅱ		용례: 假定(가정), 假面(가면), 眞假(진가)

假						
假	仮	假				

減	덜 감	덜다, 가볍다, 감하다
12획/氵/4Ⅱ		용례: 減員(감원), 增減(증감), 加減(가감), 減量(감량), 減産(감산)

減						
減	減					
減	減					

監	볼 감	살피다, 거느리다, 감옥, 감독하다
14획/皿/4Ⅱ		용례: 監督(감독), 監査(감사), 監察(감찰), 令監(영감), 監視(감시)

監						
監	監					
監	監					

| 康 | 편안 강 | 편안하다, 즐겁다, 건강하다 |
| | 11획/广/4Ⅱ | 용례: 康健(강건), 健康(건강) |

康						
康						
康						

| 講 | 강론할 강 | 익히다, 강론하다 |
| | 17획/言/4Ⅱ | 용례: 講究(강구), 講壇(강단), 講堂(강당), 講讀(강독), 休講(휴강) |

講						
講						
讲						

| 個 | 낱 개 | 사람 인(人)자와 굳을 고(固). 사람이나 물건을 세는 단위 |
| | 10획/亻/4Ⅱ | 용례: 個體(개체), 個性的(개성적), 個別(개별), 個人(개인) |

個						
個						
个						

| 檢 | 검사할 검 | 검사하다, 단속하다 |
| | 17획/木/4Ⅱ | 용례: 檢問(검문), 檢事(검사) |

檢						
檢						
檢						

| 缺 | 이지러질 결 | 이지러지다, 흠지다 |
| | 10획/缶/4Ⅱ | 용례: 缺席(결석), 缺員(결원), 缺如(결여), 缺格(결격) |

缺
欠缺

| 潔 | 깨끗할 결 | 깨끗하다, 순결하다 |
| | 15획/氵/4Ⅱ | 용례: 淸潔(청결), 潔白(결백), 不潔(불결), 純潔(순결) |

潔
潔洁

| 慶 | 경사 경 | 경사, 하례하다, 복 |
| | 15획/心/4Ⅱ | 용례: 慶祝(경축), 慶事(경사), 國慶日(국경일) |

慶
慶庆

| 經 | 지날 경
글 경 | 다스리다, 날줄, 지나다, 겪다 |
| | 13획/糸/4Ⅱ | 용례: 經過(경과), 經歷(경력), 經路(경로), 經典(경전), 經濟(경제) |

經
経经

境	지경 경	땅의 가장자리, 경계, 국경
	14획//4Ⅱ	용례: 逆境(역경), 境界(경계), 國境(국경), 境界線(경계선)

境						
境						
境						

警	경계할 경	경계하다, 경비, 깨닫다
	15획/亻/4Ⅱ	용례: 警察(경찰), 警告(경고), 警備(경비), 警護(경호)

警						
警						
警						

係	맬 계	잇다, 매다, 관계하다
	9획/亻/4Ⅱ	용례: 關係(관계), 係員(계원), 係長(계장)

係						
係						
系						

故	연고 고	연고, 본디, 예부터, 죽다
	9획/攵/4Ⅱ	용례: 故意(고의), 事故(사고), 竹馬故友(죽마고우), 故國(고국)

故						
故						
故						

官	벼슬 관	벼슬, 관가, 임무를 맡다
8획/宀/4Ⅱ		용례: 長官(장관), 官職(관직), 高官(고관), 民官(민관), 次官(차관)

官		
官		
官		

究	연구할 구	구멍 혈(穴)자와 아홉 구(九). 굽는 길을 더듬어 구멍의 속 깊이 이르다
7획/穴/4Ⅱ		용례: 研究(연구), 究明(구명)

究		
究		
究		

句	글귀 구	글귀, 구절
5획/口/4Ⅱ		용례: 美辭麗句(미사여구), 句節(구절), 詩句(시구), 絶句(절구)

句		
句		
句		

求	구할 구	구하다, 찾다, 바라다, 요하다
7획/水/4Ⅱ		용례: 求職(구직), 實事求是(실사구시), 求道(구도), 求人(구인)

求		
求		
求		

| 宮 | 집 궁 | 집 면(宀)자와 등뼈 려(呂). 여러 채의 큰 집이 있다는 뜻 |
| | 10획/宀/4Ⅱ | 용례: 古宮(고궁), 王宮(왕궁) |

宮							
宮							
宮							

| 權 | 권세 권 | 권세, 저울추, 꾀하다 |
| | 22획/木/4Ⅱ | 용례: 權勢(권세), 權利(권리), 復權(복권), 權限(권한) |

權							
權							
权							

| 極 | 극진할 극 | 다하다, 지극하다, 극, 한계, 끝, 마치다 |
| | 12획/木/4Ⅱ | 용례: 極端(극단), 極度(극도), 極樂(극락), 太極旗(태극기) |

極							
極							
极							

| 禁 | 금할 금 | 금지하다, 대궐, 감옥, 기피하다, 금기 |
| | 13획/示/4Ⅱ | 용례: 禁煙(금연), 出禁(출금), 一禁(일금), 禁止(금지), 監禁(감금) |

禁							
禁							
禁							

起	일어날 기	일어나다, 분기하다, 비롯하다
	10획/走/4 II	용례: 早起(조기), 起死回生(기사회생), 起立(기립), 想起(상기)

起					
起					
起					

器	그릇 기	그릇, 기구, 도구, 기관
	16획/口/4 II	용례: 容器(용기), 器具(기구), 樂器(악기), 祭器(제기)

器					
器					
器					

暖	따뜻할 난	따뜻하다, 덥다
	13획/日/4 II	용례: 溫暖(온난), 暖流(난류), 日暖 風和(일란풍화), 寒暖(한란)

暖					
暖					
暖					

難	어려울 난	어렵다, 곤란하다
	19획/隹/4 II	용례: 難兄難弟(난형난제), 難民(난민), 難解(난해), 災難(재난)

難					
難					
难					

| 努 | 힘쓸 노 | 힘쓰다, 힘들이다, 노력하다 |
| | 7획/力/4Ⅱ | 용례: 努力(노력) |

努					
努					
努					

| 怒 | 성낼 노 | 성내다, 짜증내다 |
| | 9획/心/4Ⅱ | 용례: 怒氣(노기), 怒發大發(노발대발) |

怒					
怒					
怒					

| 單 | 홑 단 | 홑, 하나, 다하다, 다만, 단지 |
| | 12획/口/4Ⅱ | 용례: 單獨(단독), 單純(단순), 單式(단식), 單價(단가), 單語(단어) |

單					
単					
単					

| 端 | 끝 단 | 바르다, 단정하다, 머리, 끝, 근본 |
| | 14획/立/4Ⅱ | 용례: 端正(단정), 端宗(단종-조선 제 6대 왕), 末端(말단) |

端					
端					
端					

檀	박달나무 단	박달나무, 향나무
	17획/木/4Ⅱ	용례: 檀國(단국), 檀君王儉(단군왕검)

檀							
檀							
檀							

斷	끊을 단	끊다, 결단하다, 한결같다, 조각내다
	18획/斤/4Ⅱ	용례: 切斷(절단), 斷絶(단절), 斷念(단념), 斷電(단전), 分斷(분단)

斷							
斷							
斷							

達	통달할 달	통달하다, 능숙하다, 이르다, 출세하다, 보내다
	12획/辶/4Ⅱ	용례: 傳達(전달), 到達(도달), 四通八達(사통팔달), 發達(발달)

達							
達							
达							

擔	멜 담	메다, 맡다
	16획/扌/4Ⅱ	용례: 擔當(담당), 擔保(담보), 擔任(담임), 加擔(가담), 分擔(분담)

擔							
担							
担							

黨	무리 당	무리, 동아리, 많다
	20획/黑/4Ⅱ	용례: 政黨(정당), 野黨(야당), 共和黨(공화당), 黨權(당권)

黨						
党						
党						

帶	띠 대	띠, 차다, 지니다
	11획/巾/4Ⅱ	용례: 地帶(지대), 連帶(연대), 熱帶地方(열대지방)

帶						
带						
带						

隊	무리 대	무리, 대오, 군대
	12획/阝/4Ⅱ	용례: 軍隊(군대), 隊列(대열), 部隊(부대), 隊員(대원)

隊						
队						
队						

導	인도할 도	이끌다, 인도하다, 다스리다, 통하다, 열어주다
	15획/寸/4Ⅱ	용례: 引導(인도), 導入(도입), 指導(지도), 主導國(주도국)

導						
導						
导						

毒	독할 독 9획/毋/4Ⅱ	독, 독하다, 해치다, 미워하다
		용례: 毒藥(독약), 毒素(독소), 食中毒(식중독)
毒		
毒		
毒		

督	감독할 독 재촉할 독 13획/目/4Ⅱ	살피다, 감독하다, 독려하다, 재촉하다
		용례: 總督(총독), 基督敎(기독교)
督		
督		
督		

銅	구리 동 14획/金/4Ⅱ	구리, 세번째
		용례: 銅線(동선), 靑銅器(청동기)
銅		
銅		
銅		

斗	말 두 4획/斗/4Ⅱ	발, 별 이름, 우뚝 솟다
		용례: 北斗七星(북두칠성)
斗		
斗		
斗		

豆	콩 두	제기(祭器) 중의 하나, 콩
7획/豆/4Ⅱ		용례: 豆滿江(두만강), 綠豆(녹두)

豆							
豆							
豆							

得	얻을 득	얻다, 이익, 잡다, 깨닫다, 만족하다
11획/彳/4Ⅱ		용례: 得失(득실), 習得(습득), 自業自得(자업자득), 利得(이득)

得							
得							
得							

燈	등불 등	불 화(火)자와 오를 등(登). 높은 곳에 올려져 주변을 밝히던 '등'을 표현
16획/火/4Ⅱ		용례: 燈下不明(등하불명), 風前燈火(풍전등화), 街路燈(가로등)

燈							
灯							
灯							

羅	벌일 라	그물, 나열하다, 얇은 비다, 나침반
19획/罒/4Ⅱ		용례: 新羅(신라), 羅列(나열)

羅							
羅							
罗							

兩	두 량	둘, 짝, 화폐나 무게의 단위						
	8획/入/4Ⅱ	용례: 兩面(양면), 兩家(양가), 兩班(양반), 兩親(양친)						
兩								
両								
兩								

麗	고울 려	곱다, 아름답다						
	19획/鹿/4Ⅱ	용례: 麗水(여수), 高句麗(고구려)						
麗								
麗								
丽								

連	이을 련	잇닿다, 계속되다, 맺다						
	11획/辶/4Ⅱ	용례: 連結(연결), 連續(연속), 連打(연타), 連休(연휴)						
連								
連								
连								

列	벌일 렬	벌이다, 무리에 들다, 항렬, 대오						
	6획/刂/4Ⅱ	용례: 五列(오열), 列傳(열전), 列擧(열거), 班列(반열), 配列(배열)						
列								
列								
列								

錄	기록할 록 16획/金/4Ⅱ	기록하다, 문서, 녹음
		용례: 記錄(기록), 登錄(등록), 目錄(목록), 收錄(수록), 錄音(녹음)
錄		
錄		
录		

論	논할 론 15획/言/4Ⅱ	말하다, 진술하다, 사리를 밝히다, 토론하다
		용례: 論語(논어), 論議(논의), 卓上空論(탁상공론), 理論(이론)
論		
論		
论		

留	머무를 류 10획/田/4Ⅱ	머물다, 지체하다, 오래다, 엿보다
		용례: 停留(정류), 留級(유급), 留念(유념), 留保(유보), 留任(유임)
留		
留		
留		

律	법칙 률 9획/彳/4Ⅱ	법, 규율, 자제하다, 음률
		용례: 法律(법률), 自律(자율), 律動(율동), 規律(규율), 調律(조율)
律		
律		
律		

滿	찰 만	가득차다, 넉넉하다, 넘치다, 교만하다
	14획/氵/4Ⅱ	용례: 滿足(만족), 充滿(충만), 滿發(만발), 滿開(만개)

滿
滿 滿

脈	줄기 맥	맥, 맥박, 혈관, 줄기, 잇달음
	10획/月/4Ⅱ	용례: 山脈(산맥), 動脈(동맥), 人脈(인맥), 一脈相通(일맥상통)

脈
脈 脉

毛	터럭 모	털, 작다, 가볍다, 모섬유
	4획/毛/4Ⅱ	용례: 九牛一毛(구우일모), 毛布(모포), 不毛地(불모지)

毛
毛 毛

牧	칠 목 기를 목	기르다, 다스리다, 이끌다, 맡다, 목장
	8획/牛/4Ⅱ	용례: 牧場(목장), 放牧(방목), 牧童(목동), 牧師(목사), 牧草(목초)

牧
牧 牧

武	호반 무 무사 무	군사, 전쟁						
	8획/止/4Ⅱ	용례: 武功(무공), 武器(무기), 武力(무력)						
武								
武								
武								

務	힘쓸 무	힘쓰다, 일, 직무						
	10획/力/4Ⅱ	용례: 任務(임무), 義務(의무), 實務(실무), 業務(업무)						
務								
務								
务								

未	아닐 미	아니다, 못하다						
	5획/木/4Ⅱ	용례: 未聞(미문), 未備(미비), 前代未聞(미비), 未成年(미성년)						
未								
未								
未								

味	맛 미	맛, 맛보다, 멋, 기분, 뜻						
	8획/口/4Ⅱ	용례: 興味(흥미), 意味(의미), 別味(별미)						
味								
味								
味								

密	빽빽할 밀	무리, 동아리, 많다							
	11획/宀/4Ⅱ	용례: 精密(정밀), 密約(밀약), 密接(밀접), 細密(세밀), 密室(밀실)							
密									
密									
密									

博	넓을 박	넓다, 많다, 무역하다, 통하다, 박식하다							
	12획/十/4Ⅱ	용례: 博士(박사), 博學(박학), 博識(박학), 博愛(박애)							
博									
博									
博									

防	막을 방	막다, 방비하다, 둑, 방죽, 언덕							
	7획/阝/4Ⅱ	용례: 防音(방음), 防寒(방한), 防水(방수), 防止(방지)							
防									
防									
防									

房	방 방	방, 내실, 주머니							
	8획/戶/4Ⅱ	용례: 文房四友(문방사우), 監房(감방), 獨房(감방)							
房									
房									
房									

| 訪 | 찾을 방 | 찾아가다, 구하다, 뵙다, 묻다 |
| | 11획/言/4Ⅱ | 용례: 訪韓(방한), 訪問(방문), 答訪(답방), 來訪(내방) |

訪						
訪						
访						

| 拜 | 절 배 | 절, 절하다, 예배하다, 받다, 복종하다 |
| | 9획/手/4Ⅱ | 용례: 拜上(배상), 歲拜(세배), 禮拜(예배), 參拜(참배) |

拜						
拜						
拜						

| 背 | 등 배 | 등, 뒤, 등지다, 배반하다 |
| | 9획/月/4Ⅱ | 용례: 背恩(배은), 背景(배경), 背書(배서), 背信(배신), 背後(배후) |

背						
背						
背						

| 配 | 나눌 배
짝 배 | 짝, 짝짓다, 나누다, 속하다 |
| | 10획/酉/4Ⅱ | 용례: 配給(배급), 配達(배달), 配當(배당), 支配人(지배인) |

配						
配						
配						

伐	칠 벌	공격하다, 베다, 방패
	6획/亻/4Ⅱ	용례: 伐木(벌목), 伐草(벌초), 殺伐(살벌)

伐				
伐	伐			
伐	伐			

罰	벌할 벌	형벌, 벌을 주다, 벌
	14획/罒/4Ⅱ	용례: 賞罰(상벌), 信賞必罰(신상필벌), 罰金(벌금), 罰則(벌칙)

罰				
罰	罰			
罰	罰			

壁	벽 벽	막다, 담벽, 바람벽
	16획/土/4Ⅱ	용례: 絶壁(절벽), 壁報(벽보), 壁畫(벽화)

壁				
壁	壁			
壁	壁			

邊	가 변	변방, 국경, 변리
	18획/辶/4Ⅱ	용례: 路邊(노변), 邊方(변방), 江邊(강변), 身邊(신변)

邊				
辺	辺			
辺	辺			

步	걸음 보	걸음, 운수, 독보, 나루			
	7획/止/4 Ⅱ	용례: 進步(진보), 速步(속보), 步道(보도), 競步(경보)			
步					
步 步					

保	지킬 보	보전하다, 지키다, 책임지다, 돕다			
	9획/亻/4 Ⅱ	용례: 保安(보안), 保護(보호), 保障(보장), 保衛(보위), 保留(보류)			
保					
保 保					

報	갚을 보 알릴 보	갚다, 대답하다, 알리다			
	12획/土/4 Ⅱ	용례: 報告(보고), 情報(정보), 結草報恩(결초보은)			
報					
報 报					

寶	보배 보	보배, 옥새, 돈			
	20획/宀/4 Ⅱ	용례: 寶石(보석), 家寶(가보), 寶貨(보화), 國寶(국보)			
寶					
宝 宝					

復	회복할 복 다시 부 12획/ 彳/4Ⅱ	다시, 회복하다, 되풀이하다, 돌아오다
		용례: 復元(복원), 復活(부활), 復古(복고), 復舊(복구), 復習(복습)

復							
復							
复							

府	마을 부 관청 부 8획/广/4Ⅱ	마을, 관청, 창고, 고을
		용례: 政府(정부), 司法府(사법부), 行政府(행정부)

府							
府							
府							

婦	며느리 부 11획/女/4Ⅱ	며느리, 아내
		용례: 夫婦(부부), 主婦(주부), 子婦(자부), 孝婦(효부)

婦							
婦							
妇							

副	버금 부 11획/ 刂/4Ⅱ	버금, 다음
		용례: 副賞(부상), 副作用(부작용), 副業(부업), 副産物(부산물)

副							
副							
副							

富	부자 부	많다, 넉넉하다, 부자
	12획/宀/4Ⅱ	용례: 富貴(부귀), 豊富(풍부), 貧富(빈부), 富强(부강)

富		
富		
富		

佛	부처 불	부처, 깨닫다
	7획/亻/4Ⅱ	용례: 佛家(불가), 佛經(불경), 佛敎(불교)

佛		
仏		
佛		

非	아닐 비	아니다, 그르다, 없다, 비방하다
	8획/非/4Ⅱ	용례: 非理(비리), 非命(비명), 非常(비상), 非行(비행), 非難(비난)

非		
非		
非		

悲	슬플 비	슬프다, 불쌍하다, 한심하다
	12획/心/4Ⅱ	용례: 悲歌(비가), 悲運(비운), 悲報(비보)

悲		
悲		
悲		

| 飛 | 날 비 | 날다, 빠르다, 높다, 떠돌다 |
| | 9획/飛/4Ⅱ | 용례: 飛上(비상), 飛行(비행) |

| 飛 飛 飞 | | | | | | | |

| 備 | 갖출 비 | 갖추다, 족하다, 방비하다, 마음쓰다, 더하다 |
| | 12획/亻/4Ⅱ | 용례: 具備(구비), 有備無患(유비무환), 對備(대비), 備品(비품) |

| 備 備 备 | | | | | | | |

| 貧 | 가난할 빈 | 가난하다, 적다 |
| | 11획/貝/4Ⅱ | 용례: 貧寒(빈한), 清貧(청빈), 安貧樂道(안빈낙도), 貧血(빈혈) |

| 貧 貧 贫 | | | | | | | |

| 寺 | 절 사 | 절, 마을, 내시, 환관 |
| | 6획/寸/4Ⅱ | 용례: 寺院(사원), 山寺(산사), 佛國寺(불국사) |

| 寺 寺 寺 | | | | | | | |

| 舍 | 집 사 | 집, 머물다, 두다, 베풀다 |
| | 8획/舌/4Ⅱ | 용례: 校舍(교사), 舍監(사감), 舍宅(사택) |

舍							
舍							
舍							

| 師 | 스승 사 | 스승, 어른, 군사 |
| | 10획/巾/4Ⅱ | 용례: 醫師(의사), 敎師(교사), 師弟(사제), 恩師(은사), 講師(강사) |

師							
師							
师							

169

4급

| 謝 | 사례할 사 | 사례하다, 물러가다 |
| | 17획/言/4Ⅱ | 용례: 感謝(감사), 謝過(사과), 謝禮(사례), 謝罪(사죄) |

謝							
謝							
谢							

| 殺 | 죽일 살
감할 쇄 | 죽이다, 죽다, 없애다, 감하다 |
| | 10획/殳/4Ⅱ | 용례: 殺生(살생), 殺身成仁(살신성인), 殺到(쇄도), 相殺(쇄도) |

殺							
殺							
杀							

床	상 상	평상, 잠자리, 방, 자리					
	7획/广/4Ⅱ	용례: 病床(병상), 寢床(침상), 卓床(탁상)					
床							
床 床							

狀	형상 상 문서 장	문서, 편지, 베풀다, 형상, 상태, 모양					
	8획/犬/4Ⅱ	용례: 原狀(원상), 狀態(상태), 現狀(현상), 賞狀(상장)					
狀							
狀 狀							

想	생각 상	생각하다, 생각, 뜻하다, 희망하다					
	13획/心/4Ⅱ	용례: 思想(사상), 空想(공상), 感想(감상), 理想(이상)					
想							
想 想							

常	떳떳할 상 항상 상	항상, 떳떳하다, 법, 보통, 오래되다					
	11획/巾/4Ⅱ	용례: 常設(상설), 常綠(상록), 常識(상식), 常用(상용)					
常							
常 常							

設	베풀 설	베풀다, 만들다, 설립하다, 갖추다, 가령, 설령
	11획/言/4Ⅱ	용례: 建設(건설), 設備(설비), 設令(설령), 設計圖(설계도)

設						
設						
设						

城	성 성 재 성	재, 보루, 서울
	10획/土/4Ⅱ	용례: 築城(축성), 城壁(성벽), 萬里長城(만리장성)

城						
城						
城						

盛	성할 성	성하다, 많다, 담다, 이루다
	11획/皿/4Ⅱ	용례: 盛大(성대), 豊盛(풍성), 全盛期(전성기)

盛						
盛						
盛						

誠	정성 성	정성, 진실, 공경하다, 살피다, 성실하다
	14획/言/4Ⅱ	용례: 忠誠(충성), 誠金(성금), 誠實(성실), 孝誠(효성)

誠						
誠						
诚						

동아시아 한자 익히기

| 星 | 별 성 | 별, 세월, 천문, 점성술 |
| | 9획/日/4Ⅱ | 용례: 星宿(성수), 星雲(성운), 流星(유성) |

星						
星						
星						

| 聖 | 성인 성 | 성인, 거룩하다, 착하다 |
| | 13획/耳/4Ⅱ | 용례: 聖人(성인), 聖火(성화), 神聖(신성), 聖經(성경) |

聖						
聖						
圣						

| 聲 | 소리 성 | 소리, 노래, 풍류, 명예 |
| | 17획/耳/4Ⅱ | 용례: 音聲(음성), 聲明(성명), 無聲(무성), 銃聲(총성), 形聲(형성) |

聲						
声						
声						

| 細 | 가늘 세 | 가늘다, 잘다, 자세하다, 작다 |
| | 11획/糸/4Ⅱ | 용례: 細工(세공), 細部(세부), 細分(세분), 細心(세심) |

細						
細						
細						

稅	세금 세	조세, 세금, 구실, 징수하다, 풀다
	12획/禾/4Ⅱ	용례: 課稅(과세), 稅金(세금), 稅制(세제), 血稅(혈세), 減稅(감세)

稅				
稅				
稅				

勢	형세 세	권세, 위엄, 형세, 위력
	13획/力/4Ⅱ	용례: 運勢(운세), 情勢(정세), 虛勢(허세), 形勢(형세), 實勢(실세)

勢				
勢				
势				

素	본디 소 흴 소	희다, 흰 비단, 바탕, 평소, 질박하다
	10획/糸/4Ⅱ	용례: 素質(소질), 素材(소재), 素朴(소박), 素養(소양), 要素(요소)

素				
素				
素				

議	의논할 의	의논하다, 말하다, 꾀하다
	20획/言/4Ⅱ	용례: 會議(회의), 議論(의논), 議員(의원), 議題(의제)

議				
議				
议				

笑	웃음 소 10획/竹/4Ⅱ	웃다, 웃음 꽃이 피다.
		용례: 可笑(가소), 大笑(대소), 談笑(담소), 失笑(실소)

笑						
笑						
笑						

掃	쓸 소 11획/扌/4Ⅱ	쓸다, 칠하다
		용례: 淸掃(청소), 掃除(소제)

掃						
掃						
扫						

俗	풍속 속 9획/亻/4Ⅱ	풍속, 풍습, 속되다, 인간세상
		용례: 美風良俗(미풍양속), 俗謠(속요), 風俗(풍속)

俗						
俗						
俗						

續	이을 속 21획/糸/4Ⅱ	잇다, 계승하다
		용례: 相續(상속), 接續(접속)

續						
続						
续						

동아시아 한자 익히기

送	보낼 송	보내다
	9획/辶/4Ⅱ	용례: 放送(방송), 電送(전송), 回送(회송), 發送(발송)
送						
送						
送						

守	지킬 수	지키다, 보살피다, 기다리다
	6획/宀/4Ⅱ	용례: 郡守(군수), 死守(사수), 守護(수호), 固守(고수), 保守(보수)
守						
守						
守						

收	거둘 수	거두다, 모으다, 잡다, 정돈하다
	6획/攵/4Ⅱ	용례: 收入(수입), 收益(수익), 收買(수매)
收						
收						
收						

受	받을 수	받다, 얻다, 잇다, 담다, 용납하다
	8획/又/4Ⅱ	용례: 受理(수리), 受信(수신), 引受(인수), 傳受(전수), 受領(수령)
受						
受						
受						

授	줄 수	주다, 먹이다, 가르치다
	11획/扌/4Ⅱ	용례: 授受(수수), 敎授(교수), 授業(수업), 傳授(전수)

授						
授						
授						

修	닦을 수	닦다, 바르다, 정리한, 꾸미다, 다스리다
	9획/亻/4Ⅱ	용례: 修身(수신), 修道(수도), 修習(수습), 修正(수정), 修學(수학)

修						
修						
修						

純	순수할 순	생사, 순수하다, 순진하다, 온전하다
	10획/糸/4Ⅱ	용례: 純種(순종), 純情(순정), 純眞(순진), 淸純(청순)

純						
純						
純						

承	이을 승	잇다, 받다, 받들다
	8획/手/4Ⅱ	용례: 承認(승인), 傳承(전승)

承						
承						
承						

동아시아 한자 익히기

視	볼 시	보다, 살피다			
	12획/示 /4Ⅱ	용례: 輕視(경시), 重視(중시), 視力(시력), 視野(시야)			
視					
視					
視					

是	이 시 옳을 시	이, 이것, 바르다, 곧다, 옳다			
	9획/日/4Ⅱ	용례: 是非(시비), 是認(시인), 必是(필시), 是是非非(시시비비)			
是					
是					
是					

施	베풀 시	베풀다, 주다, 더하다, 펴다			
	9획/方/4Ⅱ	용례: 施行(시행), 施工(시공), 施政(시정), 施設(시설), 施惠(시혜)			
施					
施					
施					

詩	글 시 시 시	귀글, 시, 풍류, 받들다			
	13획/言/4Ⅱ	용례: 詩人(시인), 童詩(동시), 序詩(서시), 詩歌(시가)			
詩					
詩					
诗					

동아시아 한자 익히기

試	시험 시	시험하다, 비교하다
	13획/言/4Ⅱ	용례: 試驗(시험), 試圖(시도), 試合(시합), 入試(입시)

試						
試						
试						

息	쉴 식 아들 식	스스로 자(自)자와 마음 심(心). 코(自)와 심장(心)을 함께 그려 '숨쉬다'라는 뜻
	10획/心/4Ⅱ	용례: 消息(소식), 令息(영식), 休息(휴식)

息						
息						
息						

申	알릴 신 납 신	펴다, 신고, 거듭
	9획/亻/4Ⅱ	용례: 申告(신고), 申請(신청), 內申(내신)

申						
申						
申						

深	깊을 심	깊다, 깊게 하다, 으슥하다, 멀다
	11획/氵/4Ⅱ	용례: 深夜(심야), 深海(심해), 深化(심화), 水深(수심)

深						
深						
深						

眼	눈 안	눈, 보다, 요점
	11획/目/4Ⅱ	용례: 眼目(안목), 眼科(안과), 眼下無人(안하무인)

眼		
眼 眼		
眼 眼		

暗	어두울 암	어둡다, 밤, 몰래하다, 외우다
	13획/日/4Ⅱ	용례: 暗黑(암흑), 明暗(명암), 暗室(암실), 暗記(암기), 暗示(암시)

暗		
暗 暗		
暗 暗		

壓	누를 압	누르다, 억압하다, 막다
	17획/土/4Ⅱ	용례: 壓力(압력), 外壓(외압), 制壓(제압), 壓尊(압존)

壓		
壓 圧		
圧 压		

液	액체 액	진, 즙, 헤치다, 불리다, 물
	11획/氵/4Ⅱ	용례: 液體(액체), 樹液(수액), 液化(액화), 血液(혈액)

液		
液 液		
液 液		

羊	양 양	양					
	6획/羊/4Ⅱ	용례: 羊毛(양모)					
羊							
羊							
羊							
如	같을 여	같다, 무리, 만약, 어조사					
	6획/女/4Ⅱ	용례: 如前(여전), 生佛如死(생불여사), 一日如三秋(일일여삼추)					
如							
如							
如							
餘	남을 여	남다, 나머지, 넉넉하다, 남기다					
	16획/食/4Ⅱ	용례: 餘波(여파), 餘念(여념), 餘力(여력), 餘生(여생)					
餘							
餘							
餘							
逆	거스릴 역	거스르다, 배반하다, 맞이하다, 역적, 역경					
	9획/辶/4Ⅱ	용례: 逆行(역행), 逆順(역순), 逆風(역풍), 逆流(역류), 逆說(역설)					
逆							
逆							
逆							

研	갈 연	갈다, 연마하다, 연구하다, 벼루
	11획/石/4Ⅱ	용례: 研修(연수), 研究員(연구원)

研							
研							
研							

煙	연기 연 담배 연	연기, 안개, 담배, 김
	13획/火/4Ⅱ	용례: 江湖煙波(강호연파), 煙氣(연기), 吸煙(흡연)

煙							
煙							
烟							

演	펼 연	거행하다, 펴다, 헤아리다, 당기다
	14획/氵/4Ⅱ	용례: 演技(연기), 演說(연설), 演出(연출), 講演(강연), 競演(경연)

演							
演							
演							

榮	영화 영	영화, 꽃피다, 무성하다, 영예, 혈기
	14획/木/4Ⅱ	용례: 榮光(영광), 榮位(영위), 榮達(영달)

榮							
栄							
荣							

동아시아 한자 익히기

| 藝 | 재주 예 | 재주, 예술, 학문, 법 |
| | 19획/艹/4Ⅱ | 용례: 藝術(예술), 藝能(예능), 文藝(문예), 曲藝(곡예), 書藝(서예) |

藝
芸
艺

| 誤 | 그르칠 오 | 그르다, 잘못하다 |
| | 14획/言/4Ⅱ | 용례: 誤用(오용), 正誤(정오), 誤答(오답), 誤報(오보) |

誤
誤
误

| 玉 | 구슬 옥 | 구슬, 옥, 아름답다, 훌륭하다, 임금 |
| | 5획/玉/4Ⅱ | 용례: 玉石(옥석) |

玉
玉
玉

| 往 | 갈 왕 | 가다, 과거, 이따금 |
| | 8획/彳/4Ⅱ | 용례: 往來(왕래), 往往(왕왕), 說往說來(설왕설래), 往復(왕복) |

往
往
往

謠	노래 요	노래, 소문, 풍설
	17획/言/4Ⅱ	용례: 歌謠(가요), 童謠(동요), 民謠(민요)

謠						
謠						
谣						

容	얼굴 용 받아들일 용	얼굴, 모양, 용납하다, 담다, 쉽다
	10획/宀/4Ⅱ	용례: 內容(내용), 相容(상용), 許容(허용), 受容(수용)

容						
容						
容						

員	인원 원	인원, 둥글다, 관원
	10획/口/4Ⅱ	용례: 全員(전원), 動員(동원), 社員(사원), 要員(사원), 會員(회원)

員						
員						
员						

圓	둥글 원	둥글다, 원만하다
	13획/口/4Ⅱ	용례: 圓形(원형), 圓滿(원만)

圓						
円						
圆						

衞	지킬 위	지키다, 막다, 호위하다, 둘레, 나라 이름
	15획/行/4Ⅱ	용례: 衞星(위성), 防衞(방위), 衞生(위생), 護衞(호위)

衞 衞 卫

爲	할 위	하다, 다스리다, 더불어, 짓다, 행위, 생각, 배우다
	12획/爪/4Ⅱ	용례: 爲主(위주), 人爲(인위), 行爲(행위)

爲 為 为

肉	고기 육	고기, 살, 몸, 혈연, 직접
	6획/肉/4Ⅱ	용례: 弱肉强食(약육강식), 肉筆(육필), 肉眼(육안), 六體(육체)

肉 肉 肉

恩	은혜 은	은혜, 사랑하다
	10획/心/4Ⅱ	용례: 恩惠(은혜), 恩功(은공), 恩德(은덕), 結草報恩(결초보은)

恩 恩 恩

陰	그늘 음 11획/阝/4Ⅱ	그늘, 음기, 세월, 몰래, 어둡다, 여성
		용례: 陰陽(음양), 陰地(음지), 陰凶(음흉), 陰害(음해)

陰						
陰						
阴						

應	응할 응 17획/心/4Ⅱ	응하다, 내답하다, 꼭
		용례: 應答(응답), 應用(응용), 對應(대응), 因果應報(인과응보)

應						
応						
应						

義	옳을 의 13획/羊/4Ⅱ	옳다, 바르다, 정의, 의리, 뜻
		용례: 義士(의사), 意義(의의), 見利思義(견리사의), 同議(동의)

義						
義						
义						

移	옮길 이 크게 할 치 11획/禾/4Ⅱ	옮기다, 바꾸다 유의자 轉(구를 전)
		용례: 移動(이동), 移民(이민), 移住(이주)

移						
移						
移						

益	더할 익 넘칠 일 10획/皿/4Ⅱ	더하다, 이익, 유익하다, 넉넉하다, 나아가다, 넘치다.
		용례: 國益(국익), 百害無益(백해무익), 有益(유익), 利益(이익)

益							
益							
益							

認	알 인 적을 잉 14획/言/4Ⅱ	인정하다, 알다 알 인
		용례: 確認(확인), 認識(인식), 認定(인정), 公認(공인), 自認(자인)

認							
認							
认							

引	끌 인 4획/弓/4Ⅱ	끌다, 이끌다, 책임지다, 넘겨받다, 넘겨주다.
		용례: 引上(인상), 引下(인하), 引責(인책), 萬有引力(만유인력)

引							
引							
引							

印	도장 인 6획/卩/4Ⅱ	도장, 찍다, 박다
		용례: 印度(인도), 印章(인장)

印							
印							
印							

將	장수 장 장차 장	장차, 나아가다, 문득, 기르다 상대자 兵(군사 병), 卒(군사 졸), 약자 将
	11획/寸/4Ⅱ	용례: 將來(장래), 將兵(장병), 大將(대장), 月將(월장), 將校(장교)

將						
將						
将						

障	막을 장	막나, 막히다, 가리다, 칸을 막다.
	14획/阝/4Ⅱ	용례: 支障(지장), 障壁(장벽), 障害(장해), 故障(고장)

障						
障						
障						

187

4급

低	낮을 저	낮다, 값싸다, 숙이다. 상대자 高(높을 고)
	7획/亻/4Ⅱ	용례: 高低(고저), 低俗(저속), 低空(저공), 低利(저리), 低調(저조)

低						
低						
低						

敵	대적할 적 다할 활	대적하다, 적, 짝, 대하다, 막다
	15획/攵/4Ⅱ	용례: 無敵(무적), 敵國(적국), 敵手(적수), 對敵(대적)

敵						
敵						
敵						

田	밭 전 5획/田/4Ⅱ	밭, 사냥하다, 북 이름 상대자 畓(논 답),
		용례: 田園(전원), 油田(유전)

田		
田		
田		

絶	끊을 절 12획/糸/4Ⅱ	끊다, 멸하다, 죽다, 막히다, 자르다, 으뜸 유의자 斷(끊을 단)
		용례: 絶對(절대), 絶斷(절단), 絶交(절교), 絶望(절망)

絶		
絶		
絶		

接	접할 접 이을 접 11획/扌/4Ⅱ	닿다, 잇다, 사귀다, 가깝다, 합하다.
		용례: 間接(간접), 直接(직접), 接待(접대), 接受(접수), 接合(접합)

接		
接		
接		

政	정사 정 8획/攵/4Ⅱ	정사, 정치, 바르게 하다, 조세 유의자 治(다스릴 치)
		용례: 政治(정치), 家政(가정), 市政(시정), 政局(정국), 政爭(정쟁)

政		
政		
政		

程	한도 정 길 정	법, 법도, 한도, 정도, 준하다, 길
	획/禾/4Ⅱ	용례: 程度(정도), 過程(과정), 課程(과정), 規程(규정), 旅程(여정)

程							
程							
程							

精	정할 정	정밀하다, 정하다, 찧다, 날카롭다, 정성 유의자 誠(정성 성)
	14획/米/4Ⅱ	용례: 精神(정신), 精度(정도), 精練(정련: 잘 단련함), 精選(정선)

精							
精							
精							

制	마를 제	절제하다, 억제하다, 금하다
	8획/刀/4Ⅱ	용례: 制度(제도), 制限(제한), 規制(규제), 統制(통제)

制							
制							
制							

製	지을 제	짓다, 만들다, 가죽옷
	14획/衣/4Ⅱ	용례: 精神(정신), 精度(정도), 精練(정련: 잘 단련함), 精選(정선)

製							
製							
制							

| 除 | 덜 제 | 덜다, 버리다, 나누다, 다스리다. |
| | 10획/阝 /4Ⅱ | 용례: 除去(제거), 除蟲(제충), 解除(해제), 除名(제명) |

除							
除							
除							

| 祭 | 제사 제 | 제사, 제사 지내다. |
| | 11획/示/4Ⅱ | 용례: 祭壇(제단), 祭典(제전), 祝祭(축제), 祭禮(제례) |

祭							
祭							
祭							

| 際 | 즈음 제
가 제 | 가, 끝, 즈음, 사귀다, 만나다, 접촉하다 |
| | 14획/阝 /4Ⅱ | 용례: 交際(교제), 國際(국제), 實際(실제) |

際							
際							
际							

| 提 | 끌 제
떼지어 날 시 | 들다 걸다, 끌다, 거느리다, 던지다, 끊다 |
| | 12획/扌 /4Ⅱ | 용례: 提示(제시), 提案(제안), 提議(제의), 前提(전제), 提起(제기) |

提							
提							
提							

濟	건널 제	건너다, 구하다, 구제하다 유의자 救(구할 구), 약자 済
	17획/氵/4Ⅱ	용례: 百濟(백제), 救濟(구제), 決濟(결제)

濟					
濟					
済					

早	일찍 조	일찍, 새벽, 이르다, 먼저 상대자 晩(늦을 만)
	6획/日/4Ⅱ	용례: 早期(조기), 早死(조사: 젊어서 일찍 죽음)

早					
早					
早					

造	지을 조	짓다, 만들다, 처음, 이르다, 오다, 나아가다 유의자 製(지을 제)
	11획/辶/4Ⅱ	용례: 造船(조선), 造作(조작), 創造(창조), 造化(조화), 造語力(조어력)

造					
造					
造					

助	도울 조 없앨 서	돕다, 거들다, 유익하다.
	7획/力/4Ⅱ	용례: 助教(조교), 助長(조장), 共助(공조), 救助(구조), 助力(조력)

助					
助					
助					

鳥	새 조	새, 봉황
	11획/鳥/4Ⅱ	용례: 一石二鳥(일석이조)

鳥							
鳥							
鸟							

尊	높을 존 술 그릇 준	높다, 어른, 공경하다, 높이다.
	12획/寸/4Ⅱ	용례: 尊敬(존경), 尊待(존대), 尊貴(존귀), 尊重(존중)

尊							
尊							
尊							

宗	마루 종	높다, 근본, 종묘, 일족, 교파, 받들다.
	8획/宀/4Ⅱ	용례: 宗敎(종교), 宗臣(종신), 世宗大王(세종대왕), 宗家(종가)

宗							
宗							
宗							

走	달아날 주	달리다, 달아나다, 가다
	7획/走/4Ⅱ	용례: 競走(경주), 走力(주력), 走行(주행), 暴走(폭주)

走							
走							
走							

竹	대 죽 6획/竹/4Ⅱ	대나무, 피리, 죽간
		용례: 竹細工(죽세공), 竹林七賢(죽림칠현)
竹		
竹		
竹		

準	준할/법 준 13획/氵/4Ⅱ	법도, 평평하다, 고르다, 견주다, 콧마루
		용례: 準備(준비), 基準(기준), 準則(준칙), 平準化(평준화)
準		
準		
准		

衆	무리 중 12획/血/4Ⅱ	무리, 많은 사람 상대자 寡(적을 과)
		용례: 公衆(공중), 衆生(중생), 觀衆(관중), 大衆(대중), 民衆(민중)
衆		
衆		
众		

增	더할 증 겹칠 층 15획/土/4Ⅱ	더하다, 늘다, 점점 상대자 減(덜 감)
		용례: 增加(증가), 增進(증진), 增强(증강), 增産(증산), 增設(증설)
增		
增		
增		

| 支 | 지탱할 지 | 지탱하다, 헤아리다, 내주다, 나누어주다.
상대자 收(거둘 수) |
| | 4획/支/4Ⅱ | 용례: 支出(지출), 支店(지점), 支給(지급) |

支								
支								
支								

| 至 | 이를 지 | 이르다, 지극하다, 하지, 동지
유의자 極(지극할 극) |
| | 6획/至/4Ⅱ | 용례: 冬至(동지), 至上(지상), 至高(지고: 지극히 높음) |

至								
至								
至								

| 指 | 가리킬 지 | 손가락, 발가락, 가리키다, 뜻 |
| | 9획/扌/4Ⅱ | 용례: 指定(지정), 指名(지명), 指目(지목), 指向(지향) |

指								
指								
指								

| 志 | 뜻 지
기치 치 | 뜻, 뜻하다, 기록하다, 원하다, 기억하다, 맞추다
유의자 意(뜻 의), |
| | 7획/心/4Ⅱ | 용례: 志操(지조), 有志(유지), 意志(의지), 寸志(촌지), 志望(지망) |

志								
志								
志								

| 職 | 벼슬 직 | 벼슬, 책임을 맡다, 주장하다. |
| | 18획/耳/4II | 용례: 公職(공직), 職位(직위), 敎職(교직), 無職(무직), 前職(전직) |

職		
職		
职		

| 眞 | 참 진 | 참, 바르다, 근본, 사진, 초상
상대자 假(거짓 가), 僞(거짓 위) |
| | 10획/目/4II | 용례: 眞理(진리), 寫眞(사진), 眞率(진솔), 眞實(진실), 眞善美(진선미) |

眞		
真		
真		

| 進 | 나아갈 진
선사 신 | 나아가다, 오르다, 올리다, 더하다
유의자 就(이룰 취), 상대자 退(물러날 퇴) |
| | 12획/辶/4II | 용례: 進退(진퇴), 前進(전진), 進路(진로), 進就(진취), 進行(진행) |

進		
進		
进		

| 次 | 버금 차
머뭇거릴 차 | 버금, 순서, 이르다, 행차, 가슴 속
유의자 副(버금 부) |
| | 6획/欠/4II | 용례: 次元(차원), 次男(차남), 次女(차녀), 次善(차선), 席次(석차) |

次		
次		
次		

察	살필 찰 14획/宀/4Ⅱ	살피다, 조사하다, 보다, 상고하다.
		용례: 觀察(관찰), 省察(성찰), 觀察者(관찰자), 檢察(검찰), 査察(사찰)
察 察 察		

創	비롯할 창 다칠 창 12획/刂/4Ⅱ	비롯하다, 아프다, 징계하다, 칼날에 다치다.
		용례: 創始(창시), 創業(창업), 創意(창의), 創作(창작), 創制(창제)
創 創 创		

處	곳 처 11획/虍/4Ⅱ	곳, 장소 유의자 所(바 소)
		용례: 處事(처사), 對處(대처), 處斷(처단), 處分(처분), 處理(처리)
處 処 处		

請	청할 청 15획/言/4Ⅱ	청하다, 묻다, 뵙다.
		용례: 强請(강청: 억지로 짓궂게 청함), 提請(제청), 請求權(청구권)
請 請 请		

銃	총 총	총, 도끼, 구멍		
	14획/金/4 II	용례: 銃殺(총살), 銃器(총기)		
銃				
銃				
铳				

總	다 총 합할 총	거느리다, 합하다, 모두, 상투를 틀다, 총각		
	17획/糸/4 II	용례: 總理(총리), 總選(총선), 總長(총장), 總論(총론), 總務(총무)		
總				
総				
总				

蓄	모을 축	쌓다, 모으다, 감추다. 유의자 貯(쌓을 저), 積(쌓을 적)		
	14획/艹/4 II	용례: 貯蓄(저축), 蓄財(축재), 備蓄(비축)		
蓄				
蓄				
蓄				

築	쌓을 축 악기 이름 축	쌓다, 다지다, 짓다		
	16획/竹/4 II	용례: 建築(건축), 新築(신축), 增築(증축)		
築				
築				
筑				

忠	충성 충	충성, 곧다, 정성스럽다.							
	8획/心/4Ⅱ	용례: 忠告(충고), 忠臣(충신), 忠孝(충효)							
忠									
忠									
忠									

蟲	벌레 충	벌레 약자 虫							
	18획/虫/4Ⅱ	용례: 蟲齒(충치), 害蟲(해충), 病蟲害(병충해)							
蟲									
虫									
虫									

取	가질 취	취하다, 받다, 찾다 유의자 扱(미칠 급), 상대자 捨(버릴 사)							
	8획/又/4Ⅱ	용례: 取消(취소), 取材(취재), 取得稅(취득세)							
取									
取									
取									

測	헤아릴 측	측량하다, 헤아리다, 맑다 유의자 量(헤아릴 량)							
	12획/氵/4Ⅱ	용례: 測量(측량), 測定(측정), 觀測(관측), 測雨器(측우기)							
測									
測									
測									

治	다스릴 치	다스리다, 공적, 치료, 익히다. 유의자 政(정사 정)
	8획/氵/4Ⅱ	용례: 統治(통치), 政治家(정치가), 以熱治熱(이열치열), 治安(치안)

治					
治					
治					

置	둘 치	두다, 베풀다.
	13획/罒/4Ⅱ	용례: 配置(배치), 設置(설치), 留置(유치), 位置(위치)

置					
置					
置					

齒	이 치	이, 나이, 나란히 서다 약자 歯
	15획/齒/4Ⅱ	용례: 年齒(연치: '나이'의 높임 말), 角者無齒(각자무치), 齒科(치과)

齒					
歯					
齿					

侵	침노할 침	침범하다, 침략하다
	9획/亻/4Ⅱ	용례: 侵害(침해), 不可侵(불가침)

侵					
侵					
侵					

快	쾌할 쾌	즐겁다, 시원하다, 빠르다, 잘 들다.
	7획/忄/4Ⅱ	용례: 快樂(쾌락), 快勝(쾌승), 輕快(경쾌), 快擧(쾌거), 明快(명쾌)

快	快	快				

態	모습 태	태도, 모양, 뜻 유의자 樣(모양 양), 姿(맵시 자)
	14획/心/4Ⅱ	용례: 態度(태도), 事態(사태), 形態(형태), 態勢(태세)

態	態	态				

統	거느릴 통	거느리다, 통솔하다, 근본, 잇다, 혈통
	12획/糸/4Ⅱ	용례: 傳統(전통), 統計(통계), 統一(통일), 正統(정통), 統合(통합)

統	統	统				

退	물러날 퇴	물러나다, 물리치다 유의자 去(갈 거), 상대자 進(나아갈 진)
	10획/辶/4Ⅱ	용례: 退職(퇴직), 後退(후퇴), 退出(퇴출), 退院(퇴원), 退任(퇴임)

退	退	退				

波	물결 파 방죽 피 8획/水/4Ⅱ	물결, 파도, 파장, 빛, 전파, 음파 유의자 浪(물결 랑)
		용례: 電波(전파), 寒波(한파)
波		
波波		
波波		

破	깨뜨릴 파 10획/石/4Ⅱ	깨뜨리다, 깨지다, 패하다, 터지다. 유의자 毁(헐 훼)
		용례: 破産(파산), 打破(타파)
破		
破破		
破破		

布	베/펼 포 보시 보 5획/巾/4Ⅱ	펴다, 베, 피륙, 베풀다.
		용례: 布施(보시: 가난한 사람에게 돈이나 물품을 베풂), 布告(포고)
布		
布布		
布布		

包	쌀 포 꾸러미 포 5획/勹/4Ⅱ	싸다, 꾸리다, 용납하다, 숨기다, 보따리
		용례: 包容(포용), 小包(소포)
包		
包包		
包包		

砲	대포 포	대포, 총포
	10획/石/4Ⅱ	용례: 銃砲(총포), 祝砲(축포), 砲兵隊(포병대)

砲							
砲							
炮							

暴	사나울 폭 모질 포	사납다, 침범하다, 급하다, 치다, 드러내다.
	15획/日/4Ⅱ	용례: 暴惡(포악), 暴動(폭동), 暴力(폭력), 暴徒(폭도), 暴風(폭풍)

暴							
暴							
暴							

票	표 표	문서, 표, 표결하다.
	11획/示/4Ⅱ	용례: 票決(표결), 賣票(매표), 暗票(암표), 傳票(전표)

票							
票							
票							

豊	풍년 풍	풍년들다, 풍성하다, 우거지다, 크다 상대자 凶(흉할 흉)
	13획/豆/4Ⅱ	용례: 豊年(풍년), 大豊(대풍), 豊滿(풍만), 豊作(풍작), 豊足(풍족)

豊							
豊							
丰							

限	지경 한	한정, 한정하다, 막히다, 경계, 가지런하다
	9획/阝/4Ⅱ	용례: 限界(한계), 局限(국한), 時限(시한), 限度(한도), 限定(한정)

限						
限						
限						

航	배 항	건너다, 배가 가다, 날다, 비행하다.
	10획/舟/4Ⅱ	용례: 航路(항로), 航進(항진), 航空(항공), 航海(항해), 缺航(결항)

航						
航						
航						

港	항구 항	항구, 도랑, 강어귀
	12획/水/4Ⅱ	용례: 港口(항구), 空港(공항), 漁港(어항)

港						
港						
虛						

解	풀 해	풀다, 해부하다, 이해하다.
	13획/角/4Ⅱ	용례: 見解(견해), 和解(화해), 解氷(해빙), 解消(해소), 理解(이해)

解						
解						
解						

| 香 | 향기 향 | 향기, 향기롭다. |
| | 9획/香/4Ⅱ | 용례: 香水(향수), 香氣(향기), 香料(향료) |

香						
香						
香						

| 鄕 | 시골 향 | 시골, 고향
상대자 京(서울 경) |
| | 13획/阝/4Ⅱ | 용례: 京鄕(경향: 서울과 시골), 同鄕(동향), 他鄕(타향), 望鄕(망향) |

鄕						
鄉						
乡						

| 虛 | 빌 허 | 비다, 헛되다, 빈터
상대자 實(열매 실), 약자 虚 |
| | 12획/虍/4Ⅱ | 용례: 虛實(허실), 虛空(허공), 虛費(허비), 虛言(허언), 空虛(공허) |

虛						
虛						
虛						

| 驗 | 시험할 험 | 시험, 증험, 효과 |
| | 23획/馬/4Ⅱ | 용례: 經驗(경험), 實驗(실험), 體驗(체험), 效驗(효험) |

驗						
驗						
验						

賢	어질 현	어질다, 현명하다 상대자 愚(어리석을 우)
	15획/貝/4Ⅱ	용례: 賢明(현명), 賢母(현모), 先賢(선현)

賢		
賢		
賢		

血	피 혈	피, 왕성한 기운 상대자 肉(고기 육)
	6획/血/4Ⅱ	용례: 無血(무혈), 血氣(혈기), 血壓(혈압), 血統(혈통)

血		
血		
血		

協	화합할 협	맞다, 화합하다, 적합하다, 합하다 유의자 和(화할 화)
	8획/十/4Ⅱ	용례: 協助(협조), 農協(농협), 協商(협상), 協議(협의), 協定(협정)

協		
協		
協		

惠	은혜 혜	은혜, 어질다 유의자 恩(은혜 은), 澤(못 택)
	12획/心/4Ⅱ	용례: 天惠(천혜), 特惠(특혜)

惠		
惠		
惠		

戶	집 호 지게 호	지게, 문, 집, 머물다.							
	4획/戶/4Ⅱ	용례: 門戶(문호), 窓戶(창호), 戶主(호주: 집주인, 가장)							
戶									
戶									
户									
呼	부를 호	부르다, 일컫다, 숨을 내쉬다.							
	8획/口/4Ⅱ	용례: 呼價(호가: 물건의 값을 부름), 呼吸(호흡), 呼應(호응)							
呼									
呼									
呼									
好	좋을 호	좋다, 아름답다 상대자 惡(악할 악)							
	6획/女/4Ⅱ	용례: 好惡(호악: 좋음과 나쁨), 好意(호의), 好材(호재), 好感(호감)							
好									
好									
好									
護	도울 호 지킬 호	보호하다, 지키다, 돕다							
	21획/言/4Ⅱ	용례: 救護(구호), 護送(호송), 護身術(호신술)							
護									
護									
护									

貨	재물 화	재화, 화폐, 물품
	11획/貝/4Ⅱ	용례: 通貨(통화), 百貨(백화: 여러 가지 상품이나 재화), 貨物(화물)

貨		
貨		
貨		

確	굳을 확	확시하다, 굳다 유의자 的(과녁 적)
	15획/石/4Ⅱ	용례: 確言(확언), 正確(정확), 確固(확고), 確保(확보), 確信(확신)

確		
確		
確		

回	돌아올 회	돌아오다, 돌다, 돌이키다, 횟수, 둘레
	6획/口/4Ⅱ	용례: 回答(회답), 回想(회상)

回		
回		
回		

吸	마실 흡	숨을 들이쉬는 것, 마시다, 빨다.
	7획/口/4Ⅱ	용례: 吸收(흡수), 吸引力(흡인력)

吸		
吸		
吸		

興	일 흥	일어나다, 흥하다, 일으키다, 흥취 상대자 亡(망할 망)							
	16획/白/4Ⅱ	용례: 興亡(흥망), 驪興(여흥), 興信所(흥신소)							
興									
興									
兴									

希	바랄 희	바라다, 동경하다, 희망하다.							
	7획/巾/4Ⅱ	용례: 希望(희망), 희구(希求)							
希									
希									
希									

暇	겨를 가 틈 가	한가하다, 겨를, 틈							
	13획/日/4	용례: 閑暇(한가), 餘暇(여가), 病暇(병가), 休暇(휴가)							
暇									
暇									
暇									

刻	새길 각	새기다, 긁다, 각색하다, 시각							
	8획/刂/4	용례: 刻骨(각골), 寸刻(촌각), 刻苦(각고), 刻印(각인), 時刻(시각)							
刻									
刻									
刻									

覺	깨달을 각	깨닫다, 알다, 드러나다, 기억하다, 느끼다 유의자 悟(깨달을 오), 약자 覚					
	20획/見/4	용례: 視聽覺(시청각), 視覺性(시각성), 聽覺(청각), 視覺的(시각적)					
覺							
覚							
覚							
干	방패 간	방패, 범하다, 구하다, 막다, 간여하다 상대자 戈(창 과)					
	3획/干/4	용례: 干潮(간조: 썰물로 해면의 높이가 가장 낮아진 상태)					
干							
干							
干							
看	볼 간	보다, 보살피다, 방문하다, 지키다.					
	9획/目/4	용례: 看護(간호), 走馬看山(주마간산), 看過(간과), 看板(간판)					
看							
看							
看							
簡	대쪽 간	편지, 서책, 대쪽, 간략하다 유의자 單(홑 단)					
	18획/竹/4	용례: 簡潔(간결), 間斷(간단), 簡易(간이), 簡素(간소), 簡略(간략)					
簡							
簡							
簡							

甘	달 감	달다, 맛좋다, 상쾌하다 상대자 苦(쓸 고)					
	5획/甘/4	용례: 甘受(감수), 甘言利說(감언이설), 苦盡甘來(고진감래)					
甘							
甘							
甘							

敢	감히 감	굳세다, 감히 하다, 함부로					
	12획/攵/4	용례: 果敢(과감), 勇敢(용감), 敢行(감행), 敢不生心(감불생심)					
敢							
敢							
敢							

甲	갑옷 갑	갑옷, 첫째 천간, 껍질, 아무개					
	5획/田/4	용례: 甲午更張(갑오경장), 甲富(갑부), 甲板(갑판)					
甲							
甲							
甲							

降	내릴 강 항복할 항	항복하다, 떨어지다. 상대자 昇(오를 승)					
	9획/阝/4	용례: 降伏(항복), 降雪(강설), 下降(하강), 降雨量(강우량)					
降							
降							
降							

更	다시 갱 고칠 경	고치다, 대신하다, 지나다, 때, 다시
	7획/曰/4	용례: 更新(갱신/경신), 更生(갱생), 變更(변경), 夜三更(야삼경:한밤중)

更						
更						
更						

巨	클 거 어찌 거	크다, 많다 유의자 大(큰 대)
	5획/工/4	용례: 巨大(거대), 巨輪(거륜), 巨金(거금), 巨物(거물), 巨富(거부)

巨						
巨						
巨						

拒	막을 거	막다, 물리치다. 유의자 抗(막을 항)
	8획/扌/4	용례: 拒否(거부), 拒絶(거절), 抗拒(항거), 拒逆(거역)

拒						
拒						
拒						

居	살 거	살다, 앉다, 곳, 어조사
	8획/尸/4	용례: 居留(거류), 隱居(은거), 居室(거실), 居處(거처)

居						
居						
居						

據	근거 거	의거하다, 의지하다
		약자 拠
	16획/扌 /4	용례: 證據(증거), 根據(근거), 論據(논거), 準據(준거), 占據(점거)

據		
拠		
据		

傑	뛰어날 걸	호걸, 뛰어나다, 크다
	호걸 걸	유의자 英(꽃부리 영)
	12획/亻 /4	용례: 傑作(걸작), 傑出(걸출), 人傑(인걸)

傑		
傑		
杰		

儉	검소할 검	검소하다, 절약하다, 적다, 가난하다
		약자 倹
	15획/亻 /4	용례: 儉約(검약), 儉素(검소), 勤儉(근검)

儉		
倹		
俭		

激	격할 격	심하다, 물결이 부딪히다, 찌르다.
	16획/氵 /4	용례: 激變(격변), 激憤(격분), 過激(과격), 急激(급격), 激烈(격렬)

激		
激		
激		

擊	칠 격	치다, 두드리다, 죽이다. 유의자 攻(칠 공), 打(칠 타)
	17획/手/4	용례: 攻擊(공격), 擊退(격퇴), 擊鬪(격투), 射擊(사격), 遊擊(유격)

擊						
擊						
击						

犬	개 견	개 상대자 猿(원숭이 원), 羊(양 양)
	4획/犬/4	용례: 珍島犬(진도견), 愛犬(애견)

犬						
犬						
犬						

堅	굳을 견	굳다, 견고하다, 강하다 유의자 固(굳을 고)
	11획/土/4	용례: 堅固(견고), 堅實(견실), 堅持(견지: 굳게 지님)

堅						
堅						
堅						

鏡	거울 경	거울, 본받다, 비추다, 안경
	19획/金/4	용례: 眼鏡(안경), 破鏡(파경), 望遠鏡(망원경), 明鏡止水(명경지수)

鏡						
鏡						
鏡						

傾	기울 경 13획/亻/4	기울다, 엎드리다, 귀기울이다, 위태롭다, 무너지다.
		용례: 傾聽(경청), 傾向(경향), 傾注(경주)

傾						
倾						
倾						

驚	놀랄 경 23획/馬/4	놀라다, 두렵다
		용례: 驚氣(경기), 驚歎(경탄), 驚異(경이), 驚天動地(경천동지)

驚						
驚						
惊						

系	계통 계 맬 계 7획/糸/4	혈통, 계통, 잇다, 족보
		용례: 體系(체계), 系統(계통), 系列(계열), 家系(가계), 母系(모계)

系						
系						
系						

戒	경계할 계 7획/戈/4	경계하다, 방비하다, 조심하다, 지키다, 삼가다
		용례: 一罰百戒(일벌백계), 警戒(경계), 訓戒(훈계), 戒律(계율)

戒						
戒						
戒						

季	계절 계	막내, 끝, 계절
		용례: 季節(계절), 叔季(숙계: 막내 아우), 冬季(동계)
	8획/子/4	

季								
季								
季								

階	섬돌 계	섬돌, 계단, 계급, 층계 유의자 段(구분 단), 層(층 층)
		용례: 階級(계급), 階段(계단), 階層(계층), 段階(단계), 位階(위계)
	12획/阝/4	

階								
階								
阶								

鷄	닭 계	닭
		용례: 鷄卵(계란), 鷄鳴(계명), 鷄舍(계사), 養鷄(양계), 鬪鷄(투계)
	21획/鳥/4	

鷄								
鷄								
鸡								

繼	이을 계	잇다, 계속하다 유의자 續(이을 속), 昇(오를 승), 약자 継
		용례: 繼續(계속), 繼承(계승), 繼母(계모), 繼走(계주)
	20획/糸/4	

繼								
継								
継								
継								

孤	외로울 고	외롭다, 홀로, 고아 유의자 獨(홀로 독)
	8획/子/4	용례: 孤立(고립), 孤行(고행: 외롭게 홀로 감), 孤獨(고독), 孤兒(고아)

孤							
孤							
孤							

庫	곳집 고	창고, 곳간
	10획/广/4	용례: 寶庫(보고), 庫舍(고사: 창고), 在庫(재고), 史庫(사고)

庫							
庫							
庫							

穀	곡식 곡	곡식, 녹봉
	15획/禾/4	용례: 穀食(곡식), 糧穀(양곡), 雜穀(잡곡), 秋穀(추곡)

穀							
穀							
谷							

困	곤할 곤	곤하다, 곤란하다, 가난하다, 괴롭다
	7획/口/4	용례: 困難(곤란), 疲困(피곤), 困窮(곤궁), 貧困(빈곤), 困境(곤경)

困							
困							
困							

骨	뼈 골 10획/骨/4	뼈, 요긴한 곳, 꼿꼿하다 상대자 毛(털 모), 皮(가죽 피)
		용례: 言中有骨(언중유골), 骨格(골격), 骨肉(골육), 骨折(골절)

骨				
骨				
骨				

孔	구멍 공 4획/子/4	구멍, 매우, 심히, 통하다
		용례: 毛孔(모공: 털구멍), 孔子(공자)

孔				
孔				
孔				

攻	칠 공 7획/攵/4	치다, 책망하다, 닦다, 다스리다
		용례: 攻防(공방), 侵攻(침공), 攻勢(공세), 速攻(속공)

攻				
攻				
攻				

管	대롱 관 주관할 관 14획/竹/4	대롱, 주관하다, 관리하다.
		용례: 管理(관리), 氣管(기관), 保管(보관)

管				
管				
管				

鑛	쇳돌 광	광물, 광석 유의자 徒(무리 도), 약자 鉱
	22획/金/4	용례: 採鑛(채광), 炭鑛(탄광), 鑛脈(광맥), 鑛物(광물), 鑛業(광업)

鑛						
鉱						
矿						

構	얽을 구 닥나무 구	이루다, 맺다, 집을 짓다, 집, 건물, 모이다
	14획/木/4	용례: 構造(구조), 構圖(구도), 機構(기구), 構內(구내), 構築(구축)

構						
構						
构						

君	임금 군	임금, 아버지 남편 상대자 臣(신하 신)
	7획/口/4	용례: 君子(군자), 檀君(단군), 聖君(성군), 暴君(폭군)

君						
君						
君						

群	무리 군	무리, 떼, 많다, 떼를 짓다 유의자 衆(무리 중)
	13획/羊/4	용례: 群衆(군중), 群衆心理(군중심리)

群						
群						
群						

동아시아 한자 익히기

屈	굽힐 굴	굽히다, 다하다, 줄이다, 감하다 상대자 伸(펼 신)						
	8획/尸/4	용례: 屈折(굴절), 百折不屈(백절불굴), 屈曲(굴곡), 屈服(굴복)						
屈								
屈								
屈								

窮	다할 궁 궁할 궁	다하다, 막히다, 궁구하다 유의자 貧(가난할 빈)						
	15획/穴/4	용례: 貧窮(빈궁), 窮理(궁리), 窮地(궁지), 無窮無盡(무궁무진)						
窮								
窮								
穷								

券	문서 권	문서, 증서, 증권						
	8획/刀/4	용례: 證券(증권), 福券(복권), 旅券(여권), 入場券(입장권)						
券								
券								
券								

卷	책 권	책, 접다, 말다, 굽다 속자 巻						
	8획/卩/4	용례: 卷末(권말), 席卷(석권), 壓卷(압권)						
卷								
卷								
卷								

勸	권할 권 20획/力/4	권하다, 돕다 가르치다, 힘쓰다. 약자 勧
		용례: 勸善(권선), 勸告(권고), 勸獎(권장)

勸								
勧								
劝								

歸	돌아갈 귀 18획/止/4	돌아오다, 돌아가다, 귀착지 약자 帰
		용례: 歸鄕(귀향), 事必歸正(사필귀정), 歸屬(귀속), 歸着(귀착)

歸								
帰								
归								

均	고를 균 7획/土/4	고르다, 두루, 평평하다
		용례: 均等(균등), 平均(평균), 均一(균일)

均								
均								
均								

劇	심할 극 연극 극 15획/刂/4	심하다, 대단하다, 어렵다, 연극
		용례: 劇場(극장), 演劇(연극), 劇藥(극약), 舞劇(무극), 劇團(극단)

劇								
劇								
剧								

勤	부지런할 근	부지런하다, 힘쓰다, 위로하다, 괴롭다 상대자 怠(게으를 태)
	13획/力/4	용례: 勤勉(근면), 勤務(근무), 勤儉(근검), 勤勞(근로), 缺勤(결근)

勤							
勤							
勤							

筋	힘줄 근	힘줄, 근력, 기운
	12획/竹/4	용례: 筋力(근력), 筋肉(근육), 鐵筋(철근)

筋							
筋							
筋							

紀	벼리 기	벼리, 규율, 기록하다, 다스리다.
	9획/糸/4	용례: 紀念(기념), 檀紀(단기), 世紀(세기), 紀元(기원), 紀律(기율)

紀							
紀							
紀							

奇	기이할 기	기이하다, 갑자기, 홀수
	8획/大/4	용례: 奇計(기계: 기묘한 계획), 好奇心(호기심), 奇妙(기묘)

奇							
奇							
奇							

| 寄 | 부칠 기 | 붙어있다, 맡기다, 전하다 |
| | 11획/宀/4 | 용례: 寄宿(기숙), 寄與(기여), 寄生蟲(기생충) |

寄						
寄						
寄						

| 機 | 틀 기 | 기계, 기관, 기회, 동력 |
| | 획//4 | 용례: 機會(기회), 動機(동기), 危機(위기), 投機(투기), 機能(기능) |

機						
機						
机						

| 納 | 들일 납 | 들이다, 받아들이다, 바치다, 넣다
상대자 出(날 출) |
| | 10획/糸/4 | 용례: 納得(납득), 納税(납세), 納期(납기) |

納						
納						
纳						

| 段 | 층계 단 | 계단, 차례, 조각, 구분, 등분
유의자 階(섬돌 계) |
| | 9획/殳/4 | 용례: 手段(수단), 段落(단락), 文段(문단) |

段						
段						
段						

逃	도망할 도	달아나다, 도망가다 유의자 亡(망할 망), 避(피할 피)
	9획/辶/4	용례: 逃避(도피), 逃亡(도망), 逃走(도주)
逃		
逃		
逃		

徒	무리 도	무리, 걸어다니다, 맨손, 헛되다, 형벌 유의자 黨(무리 당), 衆(무리 중)
	10획/彳/4	용례: 生徒(생도), 暴徒(폭도)
徒		
徒		
徒		

盜	도적 도	도둑, 훔치다 유의자 賊(도적 적)
	12획/皿/4	용례: 盜賊(도적), 盜聽(도청), 强盜(강도), 盜難(도난), 盜用(도용)
盜		
盜		
盜		

卵	알 란	알, 품어 기르다, 크다 상대자 胎(아이 밸 태)
	7획/卩/4	용례: 産卵(산란), 卵細胞(난세포), 受精卵(수정란)
卵		
卵		
卵		

亂	어지러울 란	어지럽다, 마구, 난리 약자 乱
	13획/乙/4	용례: 混亂(혼란), 散亂(산란), 避亂(피란)

亂							
乱							
乱							

覽	볼 람	보다, 전망, 경관 약자 覧
	21획/見/4	용례: 觀覽(관람), 遊覽(유람), 展覽(전람), 回覽(회람), 博覽會(박람회)

覽							
覽							
览							

略	간략할 략	간략하다, 대략, 꾀, 약탈하다, 범하다 유의자 簡(편지 간)
	11획/田/4	용례: 省略(생략), 略歷(약력), 侵略(침략), 略圖(약도), 略字(약자)

略							
略							
略							

糧	양식 량	양식, 먹이
	18획/米/4	용례: 食糧(식량), 糧食(양식), 軍糧米(군량미)

糧							
糧							
粮							

慮	생각할 려	생각하다, 염려하다 유의자 考(생각할 고), 念(생각 념), 思(생각 사)
	15획/心/4	용례: 配慮(배려), 考慮(고려), 思慮(사려), 心慮(심려), 念慮(염려)

慮					
慮					
慮					

烈	매울 렬	맵다, 사납다, 녹하다, 빛나다
	10획/灬/4	용례: 烈士(열사), 極烈(극렬), 先烈(선열)

烈					
烈					
烈					

龍	용 룡	용, 임금, 임금의 사물에 관한 접두사
	16획/龍/4	용례: 登龍門(등용문), 飛龍(비룡), 龍床(용상), 龍顔(용안)

龍					
竜					
龙					

柳	버들 류	버들, 버드나무
	9획/木/4	용례: 花柳界(화류계)

柳					
柳					
柳					

| 輪 | 바퀴 륜 | 바퀴, 둘레, 차례로 돌다 |
| | 15획/車/4 | 용례: 輪轉機(윤전기), 五輪旗(오륜기) |

輪						
輪						
轮						

| 離 | 떠날 리 | 떠나다, 헤어지다, 밝다, 분명하다
상대자 合(합할 합) |
| | 19획/隹/4 | 용례: 離散(이산), 流離(유리), 會者定離(회자정리), 離別(이별) |

離						
離						
离						

| 妹 | 누이 매 | 누이 동생 |
| | 8획/女/4 | 용례: 姉妹(자매), 妹夫(매부), 妹弟(매제), 妹兄(매형), 男妹(남매) |

妹						
妹						
妹						

| 勉 | 힘쓸 면 | 힘쓰다, 부지런하다, 장려하다
유의자 勵(힘쓸 려) |
| | 9획/力/4 | 용례: 勉學(면학) |

勉						
勉						
勉						

鳴	울 명	울다, 새가 울다, 울리다
	14획/鳥/4	용례: 共鳴(공명), 百家爭鳴(백가쟁명), 悲鳴(비명)
鳴							
鳴							
鳴							

模	본뜰 모 모범 모	법, 본보기, 본뜨다, 모호하다 유의자 範(법 범)
	15획/木/4	용례: 模範(모범), 規模(규모), 模樣(모양), 模造(모조)
模							
模							
模							

妙	묘할 묘	묘하다, 예쁘다
	7획/女/4	용례: 妙技(묘기), 妙味(묘미), 妙案(묘안), 絶妙(절묘), 妙計(묘계)
妙							
妙							
妙							

墓	무덤 묘	무덤, 산소
	14획/土/4	용례: 省墓(성묘), 墓碑(묘비), 國立墓地(국립묘지)
墓							
墓							
墓							

舞	춤출 무	춤추다, 춤					
	14획/舛/4	용례: 歌舞(가무)					
舞							
舞 舞							

拍	칠 박	손뼉 치다, 치다, 장단					
	8획/扌/4	용례: 拍子(박자), 拍動(박동)					
拍							
拍 拍							

髮	터럭 발	터럭, 머리털 유의자 毛(털 모)					
	15획/髟/4	용례: 毛髮(모발), 假髮(가발), 白髮(백발), 理髮(이발), 長髮(장발)					
髮							
髮 发							

妨	방해할 방	방해하다, 해롭다					
	7획/女/4	용례: 妨害(방해)					
妨							
妨 妨							

동아시아 한자 익히기

犯	범할 범	범하다, 침범하다, 죄, 죄인
	5획/犭/4	용례: 防犯(방범), 犯罪(범죄), 侵犯(침범), 犯行(범행), 共犯(공범)
犯		
犯		
犯		

範	모범 범	법, 틀, 본보기, 범위 유의자 模(법 모)
	15획/竹/4	용례: 範圍(범위), 廣範圍(광범위), 教範(교범), 規範(규범)
範		
範		
范		

辯	말씀 변	말을 잘하다, 밝히다, 바로잡다, 변명하다
	21획/辛/4	용례: 辯護(변호), 代辯(대변), 辯論(변론), 答辯(답변), 抗辯(항변)
辯		
弁		
辯		

普	넓을 보	넓다, 크다, 두루
	12획/日/4	용례: 普通(보통)
普		
普		
普		

伏	엎드릴 복	엎드리다, 감추다, 항복하다 상대자 起(일어날 기)
	6획/亻/4	용례: 伏望(복망), 起伏(기복), 初伏(초복)

伏

伏

伏

複	겹칠 복	겹치다, 복수, 겹옷 상대자 單(홑 단)
	14획/衤/4	용례: 複雜(복잡), 複寫(복사), 複數(복수), 複式(복식), 單複(단복)

複

複

复

否	아닐 부	아니다, 틀리다, 없다.
	7획/口/4	용례: 否定(부정), 否決(부결), 眞否(진부), 否認(부인), 與否(여부)

否

否

否

負	질 부	짐지다, 빚지다, 어기다, 패하다 상대자 勝(이길 승)
	9획/貝/4	용례: 負擔(부담), 勝負(승부), 負傷(부상), 負商(부상: 등짐 장수)

負

負

负

粉	가루 분	가루, 분, 분을 바르다					
	10획/米/4	용례: 製粉(제분), 粉末(분말), 粉筆(분필), 粉紅(분홍)					
粉							
粉							
粉							

憤	분할 분	분하다, 원통하다, 분노하다, 번민하다.					
	15획/心/4	용례: 憤怒(분노), 憤痛(분통), 憤敗(분패), 悲憤(비분)					
憤							
憤							
憤							

批	비평할 비	깎다, 비평하다 유의자 評(평할 평)					
	7획/扌/4	용례: 批評(비평), 批判(비판)					
批							
批							
批							

祕	숨길 비	숨기다, 신비하다					
	9획/礻/4	용례: 祕密(비밀), 祕法(비법), 極祕(극비), 祕資金(비자금)					
祕							
秘							
秘							

| 碑 | 비석 비 | 비석, 비문체, 후세에 전하다 |
| | 13획/石/4 | 용례: 碑石(비석), 記念碑(기념비) |

碑						
碑						
碑						

| 私 | 사사로울 사 | 개인, 사사로움, 은밀함
상대자 公(공평할 공) |
| | 7획/禾/4 | 용례: 私心(사심), 先公後私(선공후사), 私設(사설), 私刑(사형) |

私						
私						
私						

| 絲 | 실 사 | 실, 명주실, 현악기 |
| | 12획/糸/4 | 용례: 原絲(원사: 직물의 원료가 되는 실), 鐵絲(철사) |

絲						
糸						
丝						

| 射 | 쏠 사 | 쏘다, 빠르다, 알아내다, 벼슬 이름 |
| | 10획/寸/4 | 용례: 射殺(사살), 反射(반사), 放射能(방사능) |

射						
射						
射						

辭	말씀 사 사양할 사 19획/辛/4	말씀, 사양하다, 문체 유의자 設(말씀 설), 약자 辞 용례: 辭職(사직), 辭典(사전), 辭意(사의), 辭任(사임), 辭退(사퇴)
辭		
辞		
辞		

散	흩을 산 12획/攵/4	흩어지다, 헤어지다 상대자 도읍 都(도), 集(모을 집) 용례: 散步(산보), 散文(산문), 發散(발산), 分散(분산), 閑散(한산)
散		
散		
散		

象	코끼리 상 모양 상 11획/豕/4	코끼리, 상아, 형상, 초상 용례: 赤潮現象(적조현상), 對象(대상), 印象(인상), 表象(표상)
象		
象		
象		

傷	다칠 상 13획/亻/4	상하다, 근심하다, 해하다. 용례: 傷處(상처), 損傷(손상), 傷害(상해)
傷		
傷		
伤		

宣	베풀 선	베풀다, 펴다, 선전하다
	9획/宀/4	용례: 宣敎(선교), 宣言(선언), 宣傳(선전), 宣布(선포)

宣						
宣						
宣						

舌	혀 설	혀, 말, 언어
	6획/舌/4	용례: 舌戰(설전), 毒舌(독설)

舌						
舌						
舌						

屬	붙일 속 무리 속	무리, 따르다, 거느리다, 붙이다.
	21획/尸/4	용례: 屬性(속성), 金屬(금속), 所屬(소속), 從屬(종속), 直屬(직속)

屬						
属						
属						

損	덜 손	감하다, 잃다, 상하다 상대자 益(더할 익)
	13획/扌/4	용례: 損益(손익), 損失(손실), 損害(손해), 破損(파손)

損						
損						
損						

松	소나무 송 8획/木/4	소나무
		용례: 松板(송판), 松林(송림), 松蟲(송충)

松						
松						
松						

頌	칭송할 송 기릴 송 13획/頁/4	기리다, 칭송하다, 문체, 외우다 유의자 稱(일컬을 칭)
		용례: 讚頌(찬송), 頌德(송덕), 稱頌(칭송)

頌						
頌						
頌						

秀	빼어날 수 7획/禾/4	빼어나다, 수려하다
		용례: 優秀(우수), 秀才(수재), 秀麗(수려)

秀						
秀						
秀						

叔	아재비 숙 8획/又/4	아재비
		용례: 叔行(숙항: 아저씨 뻘의 항렬), 叔母(숙모), 叔父(숙부)

叔						
叔						
叔						

肅	엄숙할 숙	엄숙하다, 정숙하다, 공경하다, 절하다, 삼가다					
	13획/聿/4	용례: 嚴肅(엄숙), 靜肅(정숙), 肅然(숙연), 自肅(자숙)					
肅							
肅 肅							
肅 肅							

崇	높을 숭	높다, 받들다, 공경하다 유의자 高(높을 고)					
	11획/山/4	용례: 崇高(숭고), 崇拜(숭배), 崇禮門(숭례문)					
崇							
崇 崇							
崇 崇							

氏	성 씨	각시, 성					
	4획/氏/4	용례: 氏族(씨족), 姓氏(성씨), 宗氏(종씨)					
氏 氏							
氏 氏							
氏 氏							

額	이마 액	이마, 머리 현판, 편액					
	15획/頁/4	용례: 額子(액자), 稅額(세액), 殘額(잔액), 金液(금액), 差額(차액)					
額 額							
額 額							
額 額							

樣	모양 양	모양, 형상, 상태, 양식 약자 様
15획/木/4		용례: 多樣(다양), 樣相(양상), 樣式(양식), 外樣(외양)

樣					
様					
样					

嚴	엄할 엄	엄하다, 혹독하다, 높다, 공경하다
19획/口/4		용례: 嚴密(엄밀), 嚴格(엄격), 嚴禁(엄금), 嚴冬(엄동), 嚴命(엄명)

嚴					
厳					
严					

與	더불 여 줄 여	더불다, 주다, 무리 상대자 野(들 야), 유의자 參(참여할 참), 약자 与
14획/4		용례: 給與(급여), 授與(수여), 與野(여야), 參與(참여)

與					
与					
与					

易	바꿀 역 쉬울 이	바꾸다, 변하다, 쉽다, 다스리다 상대자 難(어려울 난)
8획/日/4		용례: 難易(난이), 容易(용이), 交易(교역), 易經(역경), 平易(평이)

易					
易					
易					

域	지경 역	지경, 구역, 범위, 나라
	11획/土/4	용례: 異域(이역: 이국의 땅), 廣域(광역), 區域(구역), 地域(지역)

域
域域
域域

延	늘일 연 뻗칠 연	늘이다, 미치다, 끌다, 길다
	7획/廴/4	용례: 延期(연기), 延長(연장)

延
延延
延延

鉛	납 연	납, 분
	10획/金/4	용례: 鉛筆(연필), 黑鉛(흑연)

鉛
鉛鉛
鉛铅

燃	불사를 연 탈 연	불타다, 불태우다
	16획/火/4	용례: 燃料(연료), 燃燈(연등), 可燃性(가연성)

燃
燃燃
燃燃

| 緣 | 인연 연 | 인연, 연유하다, 가장자리 |
| | 15획/糸 /4 | 용례: 因緣(인연), 緣木求魚(연목구어), 緣故(연고), 地緣(지연) |

緣					
緣					
緣					

| 迎 | 맞을 영 | 맞이하다, 마중하다
상대자 送(보낼 송) |
| | 8획/辶/4 | 용례: 歡迎(환영), 送迎(송영), 送舊迎新(송구영신), 迎入(영입) |

迎					
迎					
迎					

| 映 | 비칠 영 | 비치다, 빛나다 |
| | 9획/日/4 | 용례: 映畫(영화), 反映(반영), 放映(방영), 上映(상영), 映寫機(영사기) |

映					
映					
映					

| 營 | 경영할 영 | 경영하다, 다스리다, 꾀하다, 진영
약자 営 |
| | 16획/火/4 | 용례: 營生(영생), 營爲(영위), 營業(영업), 經營(경영), 公營(공영) |

營					
営					
営					

동아시아 한자 익히기

豫 미리 예 16획/豕/4		미리, 먼저 약자 予
		용례: 豫測(예측), 豫防(예방), 豫習(예습), 豫約(예약), 豫言(예언)

豫						
予						
豫						

遇 만날 우 12획/辶/4		만나다, 마주치다, 대접하다
		용례: 待遇(대우), 境遇(경우)

遇						
遇						
遇						

郵 우편 우 11획/阝/4		우편, 역마을, 지나다
		용례: 郵票(우표)

郵						
郵						
邮						

優 뛰어날 우 17획/亻/4		넉넉하다, 뛰어나다, 후하다, 부드럽다 상대자 劣(못할 열)
		용례: 優待(우대), 優等(우등), 優勢(우세), 優勝(우승)

優						
優						
优						

怨	원망할 원	원망하다, 원수, 원한 상대자 殷(은혜 은), 유의자 恨(한할 한)
	9획/心/4	용례: 怨恨(원한), 怨望(원망), 怨聲(원성), 宿怨(숙원)
怨		
怨		
怨		

源	근원 원	근원, 샘
	13획/氵/4	용례: 源泉(원천), 電源(전원), 造語源(조어원), 根源(근원), 資源(자원)
源		
源		
源		

援	도울 원	돕다, 끌어당기다
	12획/扌/4	용례: 支援(지원), 援助(원조), 救援(구원), 應援(응원), 請援(청원)
援		
援		
援		

危	위태할 위	위태롭다, 위태롭게 하다 상대자 安(안락할 안)
	6획/卩/4	용례: 危險(위험), 安危(안위), 見危授命(견위수명), 危害(위해)
危		
危		
危		

동아시아 한자 익히기

| 委 | 맡길 위 | 맡기다, 버티다, 따르다 |
| | 8획/女/4 | 용례: 委員(위원), 委任狀(위임장) |

委						
委 委						
委 委						

| 威 | 위엄 위 | 위엄, 세력, 두렵다 |
| | 9획/女/4 | 용례: 威勢(위세), 權威(권위), 示威(시위), 威力(위력), 威信(위신) |

威						
威 威						
威 威						

| 圍 | 에울 위 | 둘레, 둘러 싸다, 에우다
약자 囲 |
| | 12획/口/4 | 용례: 周圍(주위), 防圍(방위), 包圍(포위) |

圍						
囲						
囲						

| 慰 | 위로할 위 | 위로하다, 위안하다 |
| | 15획/心/4 | 용례: 慰勞(위로), 慰安(위안), 慰問(위문) |

慰						
慰						
慰						

乳	젖 유	젖, 우유, 젖먹이						
	8획/乙/4	용례: 乳母(유모), 粉乳(분유), 牛乳(우유)						
乳								
乳								
乳								

遊	놀 유	놀다, 떠돌다, 여행하다, 사귀다, 유세하다						
	12획/辶/4	용례: 遊說(유세), 周遊(주유: 두루 다니면서 놂), 遊興(유흥)						
遊								
遊								
遊								

遺	남길 유 끼칠 유	남다, 버리다, 주다						
	16획/辶/4	용례: 遺傳(유전), 遺事(유사), 遺言(유언), 遺族(유족)						
遺								
遺								
遺								

儒	선비 유	선비, 유학, 유교						
	16획/亻/4	용례: 儒家(유가), 儒敎(유교), 儒學(유학), 儒林(유림), 儒生(유생)						
儒								
儒								
儒								

隱	숨을 은	숨다, 불쌍히 여기다, 아끼다, 기대다 상대자 現(나타날 현), 顯(나타날 현)						
	17획/阝/4	용례: 隱密(은밀), 隱退(은퇴)						
隱								
隱								
隐								
依	의지할 의	의지하다, 의거하다, 비슷하다						
	8획/人/4	용례: 依他(의타), 依存(의존), 依支(의지), 依據(의거)						
依								
依								
依								
儀	거동 의	거동, 법, 본보기, 예의						
	15획/亻/4	용례: 儀典(의전), 儀禮(의례), 儀式(의식), 禮儀(예의)						
儀								
儀								
仪								
疑	의심할 의	의미하다, 머뭇거리다, 두려워하다						
	14획/疋/4	용례: 質疑(질의), 疑心(의심), 半信半疑(반신반의), 疑問(의문)						
疑								
疑								
疑								

異	다를 이	다르다, 이상하다 상대자 同(같을 동)
	11획/田/4	용례: 異同(이동), 大同小異(대동소이), 異國(이국), 異端(이단)

異					
異					
昇					

仁	어질 인	어질다, 인자하다
	4획/人/4	용례: 仁政(인정), 仁德(인덕), 仁術(인술), 仁者無敵(인자무적)

仁					
仁					
仁					

姉	손위누이 자	손위누이, 맏누이 상대자 妹(누이 매)
	8획/女/4	용례: 姉兄(자형), 姉母會(자모회)

姉					
姉					
姉					

姿	모양 자	맵시, 자태, 성품 유의자 態(모양 태)
	9획/女/4	용례: 姿態(자태), 姿勢(자세)

姿					
姿					
姿					

資	재물 자	재물, 자본, 비용						
	14획/貝/4	용례: 物資(물자), 投資(투자), 資金(자금), 資本(자본)						
資								
資								
资								

殘	남을 잔	남다, 나머지, 쇠잔하다, 해하다 약자 残						
	12획/歹/4	용례: 殘金(잔금), 殘在(잔재), 殘留(잔류), 殘惡(잔악), 殘餘(잔여)						
殘								
残								
残								

雜	썩일 잡	여러 가지가 뒤섞여 순수(純粹)하지 않거나 자질구레한의 뜻을 나타내는 말, 제멋대로 막된 보잘 것 없다는 의미						
	18획/隹/4	용례: 雜誌(잡지), 雜念(잡념), 雜技(잡기), 雜談(잡담)						
雜								
雜								
杂								

壯	씩씩할 장	튼튼하다, 웅장하다, 기력이나 담력을 키우다.						
	7획/士/4	용례: 壯觀(장관), 壯談(장담), 壯烈(장렬), 壯士(장사)						
壯								
壯								
壮								

裝	꾸밀 장	꾸미다, 치장하다, 넣다, 묶다.
	13획/衣/4	용례: 假裝(가장), 服裝(복장), 裝備(장비), 裝置(장치)

裝						
裝						
裝						

獎	장려할 장	권면하다, 돕다, 칭찬하다.
	14획/大/4	용례: 獎學金(장학금), 獎勵賞(장려상), 獎學生(장학생)

獎						
裝						
奖						

帳	장막 장	휘장, 장막, 장부
	7획/巾/4	용례: 揮帳(휘장), 日記帳(일기장)

帳						
帳						
帳						

張	베풀 장	베풀다, 벌이다, 메다, 당기다, 주장하다.
	11획/弓/4	용례: 張三李四(장삼이사), 主張(주장)

張						
張						
张						

| 腸 | 창자 장 | 창자, 마음, 기질 |
| | 13획/月/4 | 용례: 大腸(대장), 九折羊腸(구절양장) |

腸							
腸							
肠							

| 底 | 밑 저 | 밑(바닥, 이르다, 닿다) |
| | 8획/广/4 | 용례: 底力(저력), 底邊(저변), 底意(저의), 海底(해저) |

底							
底							
底							

| 賊 | 도둑 적 | 도둑 해치다, 역적
유의자 盜(도적 도) |
| | 13획/貝/4 | 용례: 義賊(의적), 逆賊(역적), 海賊(해적) |

賊							
賊							
賊							

| 適 | 맞을 적 | 알맞다, 이르다, 만나다 |
| | 9획/辶/4 | 용례: 適切(적절), 適當(적당), 適者生存(적자생존), 適格(적격) |

適							
適							
适							

積	쌓을 적	쌓다, 쌓이다, 넓이, 부피 유의자 蓄(쌓을 축)
	16획/禾/4	용례: 積年(적년: 여러 해), 蓄積(축적), 積城(적성: 경기도)

積					
積					
积					

績	길쌈 적	길쌈하다, 실을 잣다, 공적, 일
	11획/糸/4	용례: 成績(성적), 業績(업적), 功績(공적), 實績(실적), 治績(치적)

績					
績					
绩					

籍	문서 적	문서, 호적, 서책
	20획/竹/4	용례: 本籍(본적), 書籍(서적), 黨籍(당적), 漢籍(한적: 한문서적)

籍					
籍					
籍					

專	오로지 전	오로지, 전념하다
	9획/寸/4	용례: 專門(전문), 專用(전용), 專攻(전공), 專攻者(전공자)

專					
專					
专					

轉	구를 전	구르다, 돌다, 변하다, 넘어지다
	18획/車/4	용례: 顚落(전락), 轉移(전이), 轉入(전입), 轉職(전직), 轉勤(전근)

轉						
転						
转						

錢	돈 전	돈, 화폐, 동전
	16획/金/4	용례: 金錢(금전), 急錢(급전), 銅錢(동전)

錢						
錢						
钱						

折	꺾을 절	꺾다, 절단하다, 알맞다, 휘다, 굽히다.
	7획/扌/4	용례: 折半(절반), 曲折(곡절)

折						
折						
折						

占	점칠 점 차지할 점	점, 점치다
	5획/卜/4	용례: 占領(점령), 强占(강점:강제로 빼앗아 차지함), 占有(점유)

占						
占						
占						

點	점 점	점, 점을 찍다, 불을 붙이다, 평가의 기준, 검사하다
		약자 点
	17획/黑/4	용례: 長點(장점), 點數(점수), 觀點(관점), 採點(채점), 問題點(문제점)

點
点 点
点 点

| 丁 | 장정 정 | 장정, 일순 넷째 천간 |
| | 2획/一/4 | 용례: 目不識丁(목불식정), 壯丁(장정) |

丁
丁 丁
丁

| 整 | 가지런할 정 | 정돈하다, 가지런히 하다 |
| | 16획/攵/4 | 용례: 調整(조정), 整列(정렬), 整理(정리), 整備(정비) |

整
整
整

靜	고요할 정	고요하다, 쉬다, 조용하다
		상대자 動(움직일 동)
	16획/靑/4	용례: 動靜(동정), 情態(정태: 조용히 머물러 있는 것), 安靜(안정)

靜
靜
靜

帝	임금 제	임금, 하느님 유의자 王(왕 왕)
	9획/巾/4	용례: 帝國(제국), 帝王(제왕)

帝						
帝						
帝						

組	짤 조	짜다, 만들다, 조직
	11획/糸/4	용례: 組織(조직), 組合(조합), 公組織(공조직)

組						
組						
組						

條	가지 조	가지, 조리, 조목, 법규
	10획/木/4	용례: 條件(조건), 無條件(무조건), 條例(조례), 條理(조리), 條約(조약)

條						
条						
条						

潮	밀물 조	조수, 밀물, 밀물이 들어오다
	15획/氵/4	용례: 潮流(조류), 潮水(조수), 思潮(사조), 風潮(풍조)

潮						
潮						
潮						

存	있을 존	있다, 보존하다 유의자 在(있을 재), 상대자 亡(망할 망)
	6획/子/4	용례: 共存(공존), 平和共存(평화공존), 存立(존립), 存在(존재)

存					
存					
存					

從	좇을 종	따르다, 종용하다, 모시다 상대자 主(주인 주)
	11획/彳/4	용례: 服從(복종), 從前(종전), 順從(순종), 白衣從軍(백의종군)

從					
從					
从					

鍾	쇠북 종	종, 쇠북, 인경, 자명종
	17획/金/4	용례: 鐘路(종로), 自鳴鐘(자명종)

鍾					
鍾					
钟					

座	자리 좌	자리, 지휘
	10획/广/4	용례: 座談會(좌담회), 座席(좌석), 座標(좌표), 講座(강좌)

座					
座					
座					

朱	붉을 주	붉다, 붉은 빛, 연지 유의자 紅(붉을 홍)
	6획/木/4	용례: 朱紅(주홍), 朱黃(주황), 朱子學(주자학)

朱		

朱		

朱		

周	두루 주	두루(미치다), 널리, 둘레
	8획/口/4	용례: 周邊(주변), 周知(주지), 用意周到(용의주도)

周		

周		

周		

酒	술 주	술
	10획/酉/4	용례: 飮酒(음주), 酒店(주점), 酒客(주객), 酒量(주량)

酒		

酒		

酒		

證	증거 증	증거, 증명하다
	19획/言/4	용례: 證明(증명), 檢證(검증), 確證(확증), 領收證(영수증)

證		

証		

証		

誌	기록할 지	기록하다, 기록
	14획/言/4	용례: 校誌(교지), 本誌(본지), 日誌(일지), 會誌(회지)

誌							
誌							
志							

智	지혜 지 슬기 지	슬기, 사리에 밝다
	12획/日/4	용례: 衆智(중지: 여러 사람의 지혜), 機智(기지), 大智(대지)

智							
智							
智							

持	가질 지	가지다, 잡다, 지키다
	9획/扌/4	용례: 持論(지론), 持病(지병), 持續(지속), 持參(지참)

持							
持							
持							

織	짤 직	짜다, 조직하다, 만들다.
	8획/糸/4	용례: 毛織(모직), 織物(직물)

織							
織							
织							

| 陣 | 진칠 진 | 진치다, 진 |
| | 10획/阝/4 | 용례: 鎭痛(진통), 敵陣(적진), 陣營(진영), 退陣(퇴진) |

陣
陣
阵

| 珍 | 보배 진 | 보배, 진귀하다
유의자 寶(보배 보) |
| | 9획/玉/4 | 용례: 珍貴(진귀), 山海珍味(산해진미) |

珍
珍
珍

| 盡 | 다할 진 | 다하다, 극진하다 |
| | 14획/皿/4 | 용례: 盡力(진력), 未盡(미진), 脫盡(탈진), 盡心(진심), 極盡(극진) |

盡
尽
尽

| 差 | 다를 차 | 다르다, 구분짓다 |
| | 9획/工/4 | 용례: 千差萬別(천차만별), 差度(차도), 差等(차등), 差別(차별) |

差
差
差

讚	기릴 찬	기리다, 돕다, 인도하다 유의자 稱(일컬을 칭)
	26획/言/4	용례: 極讚(극찬), 自畵自讚(자화자찬), 讚美(찬미), 讚辭(찬사)

讚

讚 讚 贊

採	캘 채	캐다, 따다, 가리다
	11획/扌/4	용례: 採錄(채록: 채집하여 기록함), 採算(채산), 採用(채용)

採

採 採 采

冊	책 책	책, 친서, 권 동자 册
	5획/冂/4	용례: 冊房(책방), 冊床(책상), 冊子(책자), 冊張(책장)

冊

冊 冊

泉	샘 천	샘, 돈
	9획/水/4	용례: 九泉(구천), 黃泉(황천), 溫泉(온천)

泉

泉 泉 泉

聽	들을 청	듣다, 들어주다, 허락하다 유의자 聞(들을 문)					
	22획/耳/4	용례: 視聽(시청), 聽取(청취), 公聽會(공청회)					
聽							
聴							
听							

廳	관청 청	관청, 마을, 마루					
	25획/广/4	용례: 廳舍(청사), 官廳(관청), 區廳(구청), 市廳(시청)					
廳							
庁							
厅							

招	부를 초	부르다, 손짓하다					
	8획/扌/4	용례: 招待(초대), 招請(초청), 招請狀(초청장)					
招							
招							
招							

推	밀 추 밀 퇴	기리다, 옮기다, 가리다, 추측하다, 밀다					
	11획/扌/4	용례: 推移(추이), 推進(추진), 推測(추측), 推理力(추리력), 推定(추정)					
推							
推							
推							

縮	줄일 축	줄이다, 오그라들다 상대자 伸(펼 신)
	17획/糸/4	용례: 縮小(축소), 短縮(단축), 縮約力(축약력), 壓縮(압축), 縮約(축약)

縮		
縮		
縮		

趣	뜻 취	뜻, 취미, 재촉하다 유의자 意(뜻 의), 旨(뜻 지)
	15획/走/4	용례: 趣味(취미), 趣向(취향), 情趣(정취), 興趣(흥취)

趣		
趣		
趣		

就	나아갈 취	이루다, 쫓다, 능하다, 마치다 유의자 進(나아갈 진)
	12획/尢/4	용례: 就業(취업), 就職(취직), 去就(거취), 成就(성취)

就		
就		
就		

層	층 층	거듭, 층 유의자 階(섬돌 계)
	15획/尸/4	용례: 層階(층계), 斷層(단층), 深層(심층), 加一層(가일층)

層		
層		
层		

| 寢 | 잘 침 | 자다, 쉬다, 눕다 |
| | 14획/宀/4 | 용례: 寢室(침실), 寢具(침구), 寢床(침상), 寢不安席(침불안석) |

寢								
寢 寢								
寢 寢								

| 針 | 바늘 침 | 바늘, 침, 바느질하다 |
| | 10획/金/4 | 용례: 針線(침선: 바느질), 針葉樹(침엽수), 鍼術(침술), 檢針(검침) |

針								
針 針								
針 针								

| 稱 | 일컬을 칭 | 일컫다, 칭찬하다, 헤아리다
유의자 頌(기릴 송), 讚(기릴 찬), 약자 称 |
| | 14획/禾/4 | 용례: 稱讚(칭찬), 稱號(칭호), 總稱(총칭), 呼稱(호칭), 尊稱(존칭) |

稱								
称								
称								

| 彈 | 탄알 탄
튕길 탄 | 탄환, 포탄, 탄핵하다, 비난하다, (악기를), 타다
약자 弾 |
| | 15획/弓/4 | 용례: 彈壓(탄압), 彈性(탄성) |

彈								
彈 弾								
弾								

歎	탄식할 탄	탄식하다, 감탄하다
	15획/欠/4	용례: 歎息(탄식), 讚歎(찬탄: 감탄하여 칭찬함), 歎願(탄원)

歎						
歎						
叹						

脫	벗을 탈	벗다, 탈출하다, 털이 빠지다
	11획/月/4	용례: 脫線(탈선), 脫稅(탈세), 脫黨(탈당), 虛脫(허탈)

脫						
脫						
脫						

探	찾을 탐	찾다, 정탐하다, 더듬다, 시험하다
	11획/扌/4	용례: 探求(탐구), 探査(탐사), 廉探(염탐)

探						
探						
探						

擇	가릴 택	가리다, 고르다, 뽑다 유의자 選(가릴 선), 약자 択
	16획/扌/4	용례: 選擇(선택), 兩者擇一(양자택일)

擇						
択						
擇						

討	칠 토	치다, 다스리다, 토의하다 유의자 伐(칠 벌)
10획/言/4		용례: 討議(토의), 討論(토론), 討伐(토벌), 檢討(검토), 聲討(성토)

討						
討						
讨						

痛	아플 통	아프다, 상하다, 심하다, 병
12획/疒/4		용례: 苦痛(고통), 痛憤(통분), 頭痛(두통), 痛快(통쾌), 痛恨(통한)

痛						
痛						
痛						

投	던질 투	던지다, 넣다, 주다, 의탁하다 상대자 打(칠 타)
7획/扌/4		용례: 投手(투수), 投宿(투숙), 投票(투표), 漢江投石(한강투석)

投						
投						
投						

鬪	싸움 투	싸우다, 전쟁 유의자 爭(다툴 쟁), 戰(싸울 전)
20획/鬥/4		용례: 鬪爭(투쟁), 鬪技(투기), 戰鬪(전투), 敢鬪(감투), 暗鬪(암투)

鬪						
鬪						
斗						

| 派 | 갈래 파 | 파벌, 갈래, 보내다, 나누다 |
| | 9획/氵/4 | 용례: 派兵(파병), 派生(파생), 學派(학파), 黨派(당파) |

派					
派					
派					

| 判 | 판단할 판 | 판단하다, 나누다, 구별하다 |
| | 7획/刂/4 | 용례: 判斷(판단), 身言書判(신언서판), 判例(판례), 判決(판결) |

判					
判					
判					

| 篇 | 책 편 | 책, 편 |
| | 15획/竹/4 | 용례: 斷篇(단편), 長篇(장편), 千篇一律(천편일률) |

篇					
篇					
篇					

| 評 | 평할 평 | 평하다, 평가, 품평
유의자 批(칠 비) |
| | 12획/言/4 | 용례: 平價(평가), 過大評價(과대평가), 評判(평판), 論評(논평) |

評					
評					
评					

閉	닫을 폐	닫다, 가두다, 막다, 감추다 상대자 開(열 개)
	11획/門/4	용례: 閉會(폐회), 開閉(개폐), 閉店(폐점)

閉						
閉						
闭						

胞	세포 포	태보, 동포, 세포
	9획/月/4	용례: 細胞(세포), 同胞(동포)

胞						
胞						
胞						

爆	불터질 폭	폭발하다, 터지다
	19획/火/4	용례: 爆彈(폭탄), 爆破(폭파), 爆擊(폭격), 爆發(폭발), 爆藥(폭약)

爆						
爆						
爆						

標	표할 표	표하다, 나타내다, 기록하다.
	15획/木/4	용례: 標識(표지), 目標(목표), 表示(표시), 標記(표기), 標準(표준)

標						
標						
标						

疲	피곤할 피	피곤하다, 지치다						
	10획/疒/4	용례: 疲勞(피로), 疲困(피곤), 疲弊(피폐)						
疲								
疲	疲							
疲	疲							

避	피할 피	피하다, 숨다 유의자 逃(달아날 도)						
	16획/辶/4	용례: 避難(피난), 避身(피신)						
避								
避	避							
避	避							

恨	한할 한	한탄하다, 한하다, 억울하다, 뉘우치다. 유의자 怨(원망할 원)						
	9획/忄/4	용례: 恨歎(한탄), 千秋遺恨(천추유한)						
恨								
恨	恨							
恨	恨							

閑	한가할 한	한가하다, 여가						
	12획/門/4	용례: 閑良(한량), 閑職(한직)						
閑								
閑								
閑								

抗	겨룰 항 항거할 항 7획/扌/4	막다, 겨루다, 항거하다
		용례: 反抗(반항), 抗爭(항쟁), 抗告(항고), 抗議(항의), 抗戰(항전)
抗		
抗		
抗		

核	씨 핵 10획/木/4	씨, 실과, 알맹이, 중심
		용례: 核心(핵심), 結核(결핵), 核武器(핵무기)
核		
核		
核		

憲	법 헌 16획/心/4	법, 헌법, 표준
		용례: 憲法(헌법), 憲章(헌장), 改憲(개헌), 制憲(제헌)
憲		
憲		
宪		

險	험할 험 16획/阝/4	위험하다, 험담하다
		용례: 探險(탐험), 險固(험고), 險談(험담), 險難(험난), 險惡(험악)
險		
險		
險		

革	가죽 바꿀 혁 9획/革/4	가죽, 개혁, 급하다
		용례: 改革(개혁), 革新(혁신), 革帶(혁대), 革命(혁명), 變革(변혁)
革		
革		
革		

顯	나타날 현 23획/頁/4	나타나다, 밝다, 통달하다 유의자 現(나타날 현)
		용례: 顯忠日(현충일), 顯著(현저), 顯微鏡(현미경)
顯		
顯		
显		

刑	형벌 형 6획/ 刂/4	형벌, 본보기, 모범되다
		용례: 刑罰(형벌), 死刑(사형), 減刑(감형), 處刑(처형)
刑		
刑		
刑		

或	혹 혹 8획/戈/4	의심하다, 혹, 아마
		용례: 間或(간혹), 或是(혹시)
或		
或		
或		

婚	혼인할 혼 11획/女/4	혼인, 혼인하다
		용례: 結婚(결혼), 未婚(미혼), 離婚(이혼), 請婚(청혼), 破婚(파혼)
婚 婚 婚		

混	섞을 혼 11획/氵/4	섞다, 흐리다
		용례: 混用(혼용), 混入(혼입), 混亂期(혼란기), 混雜(혼잡)
混 混 混		

紅	붉을 홍 9획/糸/4	붉다, 연지 유의자 朱(붉을 주)
		용례: 紅一點(홍일점), 紅燈街(홍등가)
紅 紅 紅		

華	빛날 화 12획/艹/4	빛나다, 영화
		용례: 華麗(화려), 繁華(번화)
華 華 华		

| 環 | 고리 환 | 옥고리, 돌리다, 둘레 |
| | 17획/玉/4 | 용례: 環境(환경), 一環(일환), 花環(화환) |

環						
環						
环						

| 歡 | 기쁠 환 | 기뻐하다, 좋아하다
약자 歡 |
| | 22획/欠/4 | 용례: 歡樂(환락), 歡喜(환희), 歡談(환담), 歡待(환대), 歡聲(환성) |

歡						
歡						
欢						

| 況 | 모양 황 | 하물며, 형편 |
| | 8획/氵/4 | 용례: 盛況(성황), 狀況(상황), 近況(근황), 實況(실황), 情況(정황) |

況						
況						
況						

| 灰 | 재 회 | 재, 석회 |
| | 6획/火/4 | 용례: 石灰石(석회석), 灰色(회색), 洋灰(양회), 灰色分子(회색분자) |

灰						
灰						
灰						

동아시아 한자 익히기

厚	두터울 후	두텁다, 무겁다, 크다, 친절하다 상대자 薄(엷을 박)
	9획/厂/4	용례: 厚德(후덕), 厚待(후대), 厚謝(후사: 후하게 사례함)

厚							
厚							
厚							

候	기후 후	계절, 문안, 살피다, 바라다, 기후, 조짐
	10획/亻/4	용례: 節候(절후: 절기), 氣候(기후), 惡天候(악천후)

候							
候							
候							

揮	휘두를 휘	휘두르다, 떨치다, 지휘하다
	12획/扌/4	용례: 指揮(지휘), 指揮官(지휘관), 發揮(발휘), 揮發油(휘발유)

揮							
揮							
揮							

喜	기쁠 희	기뻐하다, 즐겁다, 즐기다 유의자 歡(기뻐할 환), 상대자 怒(노할 노), 悲(슬플 비)
	12획/口/4	용례: 喜劇(희극), 喜悲(희비), 喜喜樂樂(희희낙락)

喜							
喜							
喜							

저자 소개

박진수

고려대학교 일어일문학과를 졸업하고 도쿄(東京) 대학에서 문학박사 학위를 받았으며 현재 가천대학교 동양어문학과 교수(아시아문화연구소 소장 겸)로 있다. 주요 저서로는 『소설의 텍스트와 시점』 『근대 일본의 '조선 붐'』(공저) 등이 있다.

동아시아 한자 익히기

초판1쇄 인쇄 2020년 12월 15일
초판1쇄 발행 2020년 12월 24일

지은이   박진수
펴낸이   이대현
편집   이태곤 권분옥 문선희 임애정 강윤경 김선예
디자인   안혜진 최선주
마케팅   박태훈 안현진

펴낸곳   도서출판 역락
출판등록 1999년 4월 19일 제303-2002-000014호
주소   서울시 서초구 동광로 46길 6-6 문창빌딩 2층 (우06589)
전화   02-3409-2060
팩스   02-3409-2059
홈페이지 www.youkrackbooks.com
이메일   youkrack@hanmail.net

ISBN   979-11-6244-627-0 13700

정가는 뒤표지에 있습니다.
잘못된 책은 바꿔드립니다.

이 도서의 국립중앙도서관 출판예정도서목록(CIP)은 서지정보유통지원시스템 홈페이지(http://seoji.nl.go.kr)와 국가자료종합목록 구축시스템(http://kolis-net.nl.go.kr)에서 이용하실 수 있습니다. (CIP제어번호 : CIP2020053237)